Célio Reginaldo Calikoski
Débora Regina Pupo
Léo Marcelo Plantes Machado
Maria do Carmo Ezequiel Rollemberg
Virginia Feronato

Crescer em Comunhão

Catequese de inspiração catecumenal com a família

Volume 3

© 2014, 2024, Editora Vozes Ltda.
Rua Frei Luís, 100
25689-900 Petrópolis, RJ
www.vozes.com.br
Brasil

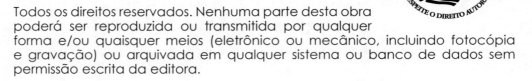

Todos os direitos reservados. Nenhuma parte desta obra poderá ser reproduzida ou transmitida por qualquer forma e/ou quaisquer meios (eletrônico ou mecânico, incluindo fotocópia e gravação) ou arquivada em qualquer sistema ou banco de dados sem permissão escrita da editora.

CONSELHO EDITORIAL

Diretor
Volney J. Berkenbrock

Editores
Aline dos Santos Carneiro
Edrian Josué Pasini
Marilac Loraine Oleniki
Welder Lancieri Marchini

Conselheiros
Elói Dionísio Piva
Francisco Morás
Gilberto Gonçalves Garcia
Ludovico Garmus
Teobaldo Heidemann

Secretário executivo
Leonardo A.R.T. dos Santos

PRODUÇÃO EDITORIAL
Aline L.R. de Barros
Jailson Scota
Marcelo Telles
Mirela de Oliveira
Natália França
Otaviano M. Cunha
Priscilla A.F. Alves
Rafael de Oliveira
Samuel Rezende
Vanessa Luz
Verônica M. Guedes

Editoração: Mariana Perlati
Diagramação: Ana Maria Oleniki
Revisão gráfica: Alessandra Karl
Revisão teológica: Débora Regina Pupo
Capa: Ana Maria Oleniki
Ilustração de capa: @lublubachka

ISBN 978-85-326-6982-7

Este livro teve uma edição com o título
Crescer em Comunhão – Catequese e família 3.

Este livro foi composto e impresso pela Editora Vozes Ltda.

Sumário

Apresentação, 5

Introdução, 7

1   Igreja, família dos seguidores de Jesus Cristo, sinal de comunhão, 19

2   Maria, Mãe de Deus, Mãe de todos nós, 31

3   Os sacramentos são o amor de Deus entre nós, 43

4   Família, espaço de perdão e escola de amor, 55

5   Eucaristia, escola de serviço, 67

Anexo 1, 76

Referências, 77

Siglas

AL – Exortação Apostólica pós-sinodal *Amoris Laetitia* – sobre o amor na família

ClgC – Catecismo da Igreja Católica

CT – Exortação Apostólica *Catechesi Tradendae* – sobre a catequese de nosso tempo

DNC – Diretório Nacional de Catequese

DC – Diretório para a Catequese

EG – Exortação Apostólica *Evangelii Gaudium* – sobre o anúncio do Evangelho no mundo atual

LF – Carta Encíclica *Lumen Fidei* sobre a fé

LG – Constituição Dogmática *Lumen Gentium* – sobre a Igreja

MI – Carta Apostólica *Novo Millennio Ineunte*

SC – Constituição *Sacrosanctum Concilium* para a Sagrada Liturgia

Apresentação

> Os pais que creem, com seu exemplo diário de vida, têm a capacidade mais envolvente de transmitir aos próprios filhos a beleza da fé cristã (DC, n. 124).

Queridas famílias e queridos catequistas,

Com alegria apresentamos a coleção *Crescer em Comunhão: catequese de inspiração catecumenal com a família*. Desejamos que este subsídio ajude pais e responsáveis a melhor compreenderem a bela missão que têm: serem os protagonistas da educação na fé dos filhos e filhas.

Os documentos da Igreja são unânimes em dizer que as famílias são as primeiras catequistas dos filhos e filhas. Porém, é preciso ajudá-las para que melhor desempenhem essa missão e possam acompanhar o crescimento e amadurecimento na fé das crianças e dos adolescentes. Foi pensando na missão dos pais, mães e responsáveis que a equipe de autores preparou cinco volumes da coleção *Crescer em Comunhão* a fim de, assim, contribuir na realização para a catequese com as famílias.

Cada volume apresenta uma proposta de encontros com as famílias, acompanhando o itinerário catequético das crianças e adolescentes. Embora eles complementem a coleção *Crescer em Comunhão*, seu conteúdo permite que sejam utilizados para realizar a catequese familiar em diferentes realidades, sejam daquelas que adotam a coleção *Crescer em Comunhão* ou não, pois os volumes foram pensados para oferecer uma catequese aos pais com o objetivo de que se formem na fé e fortaleçam a espiritualidade familiar. Os encontros foram desenvolvidos de maneira que possam ser realizados pelos catequistas ou pelas próprias famílias reunidas. Nossos votos são de que esses volumes enriqueçam a formação das famílias e auxiliem para que possam assumir a educação na fé de seus filhos e filhas e, desse modo, contribuam com a missão da catequese de ajudar a formar discípulos missionários.

Agradecemos o empenho de cada catequista e das famílias para que possam realizar uma catequese cada vez mais querigmática e mistagógica. Que a Sagrada Família abençoe cada lar, cada pai, mãe, filho e filha. Que possamos fortalecer nossa fé e contribuir para "tornar o Reino de Deus presente no mundo" (EG, n. 176).

Débora Regina Pupo
Coordenadora da Animação Bíblico-Catequética
Regional Sul 2/CNBB

Introdução

A fé é um dom de Deus, uma graça que dele recebemos, porque Ele é infinitamente bom e ama cada um de nós como um filho predileto. Como semeador zeloso, Ele planta a semente da fé em nosso coração, sem nada nos pedir, apenas porque nos ama. Contudo, Deus espera que essa semente seja acolhida por cada um de nós e cuidada com zelo, amor e confiança para crescermos na consciência dos valores cristãos e para sermos testemunhas autênticas do Amor.

A fé é, também, resposta livre da pessoa humana ao amor de Deus. E assim, como não podemos dar a vida a nós mesmos, não podemos nos dar a fé ou crer sozinhos. Nós recebemos a fé de algumas pessoas e devemos transmiti-la a outras. E quando acolhemos o amor de Deus e reconhecemos sua presença em nós, nosso amor-resposta nos move a falar aos outros sobre a nossa fé, sobre em quem colocamos a nossa fé: *"É o Senhor quem sustenta a minha vida!"* (Sl 53).

A CATEQUESE EDUCA NA FÉ

A catequese é uma educação da fé das crianças, dos jovens e dos adultos, a qual compreende especialmente um ensino da doutrina cristã, dado em geral de maneira orgânica e sistemática, com fim de os iniciar na plenitude da vida cristã (CT, n. 18).

Catequese é educação na fé, supostamente ensinada e vivenciada em casa, pelos pais, pelas mães e por toda a família. Ao ingressar na catequese paroquial, a criança irá aprofundar o que foi recebido da família, com ensinamentos essenciais não só da doutrina, como também da vida. Essa educação na fé acontece mediante um processo ao mesmo tempo pessoal e comunitário, sistemático, permanente e dinâmico (cf. DNC, n. 233).

A catequese é um dos meios pelos quais Deus continua a se manifestar às pessoas. O catequista anuncia Jesus Cristo, fiel à sua Palavra e à sua mensagem, e, como um profeta contemporâneo, faz ecoar a Palavra em sua comunidade, tornando-a compreendida para ser vivenciada. O catequizando, assim, é ajudado a conhecer, acolher, celebrar e vivenciar o mistério de Deus, manifestado em Jesus Cristo, que nos revela o Pai e nos envia o Espírito Santo. Também, é guiado para estar em comunhão com a Igreja e a participar em sua missão (cf. ClgC, n. 426-429).

A FAMÍLIA TESTEMUNHA A FÉ

A família cristã, em toda a história, tem sido chamada a ser a grande educadora na fé, com a missão de ser uma "Boa-nova" capaz de despertar esperança. Para cumprir essa missão, os pais transmitem a fé aos filhos na simplicidade da vida diária.

É senso comum que a família é fundamental em todos os processos formativos de crianças ou adolescentes, porque mães e pais são referenciais importantes no amadurecimento dos filhos. Portanto, a família é também a primeira responsável pela educação na fé de seus filhos. Pais e mães que experimentam o amor de Deus – e que procuram testemunhar esse amor – ajudam seus filhos, com atitudes e gestos, a fazerem, também, essa experiência. A forma como os pais falam de Deus para seus filhos é a primeira catequese e seu despertar para a vida cristã. Quando a criança percebe que a família vive a partilha, a comunhão e o amor, irá, certamente, na catequese na comunidade, compreender melhor a imagem de Deus como um Deus de partilha, comunhão e amor (*Sou Catequista*, 2015).

Olhando para Maria e José, vemos um casal profundamente confiante em Deus, com uma fé firme e corajosa, pois, mesmo não entendendo totalmente o que poderia acontecer, eles disseram sim a Deus. Suas dúvidas e medos não impediram que se comprometessem com Deus e com toda a humanidade. O que nos ensinam Maria e José? Que devemos dar também o nosso sim, assumindo um compromisso firme com Deus e com as pessoas, procurando ouvir e compreender o que Ele nos diz. Eles nos ensinam, ainda, a procurar fazer das nossas famílias espaços de partilha, de respeito mútuo, de fidelidade, de amor e de compromisso com a fé.

CATEQUESE E FAMÍLIA

> Os pais são os primeiros responsáveis pela educação de seus filhos na fé, na oração e em todas as virtudes. Eles têm o dever de prover, na medida do possível, as necessidades físicas e espirituais de seus filhos (CIgC, n. 2252).

No início da Igreja, sem templos cristãos e sem as estruturas pastorais de hoje, os cristãos reuniam-se nas casas, onde os discípulos anunciavam a Boa-nova de Jesus Cristo. Esses encontros celebrativos transformavam a vida das famílias, que se tornavam verdadeiras transmissoras do Evangelho e dos valores cristãos. Nos lares, os ensinamentos de Jesus eram passados de uma geração à outra com a força do testemunho.

O Papa Francisco afirmou que a família não pode desistir de ser apoio, acompanhamento e guia dos filhos (cf. AL, n. 260), mas precisa insistir em ser o lugar onde as razões e a beleza da fé, a oração e o serviço ao próximo são ensinados no dia a dia (cf. AL, n. 287). Os exemplos, os testemunhos e a presença dos pais, tal como na Igreja nascente, permanecem indispensáveis para o amadurecimento na fé dos seus filhos.

Hoje não podemos ignorar os muitos desafios que as famílias enfrentam. Porém, mesmo em meio a tantas dificuldades, cabe ainda à família iniciar a caminhada de fé dos seus filhos (cf. DNC, n. 238). Se ela é responsável por acompanhar sua vida escolar e sua educação integral, de maneira semelhante, ela tem a responsabilidade de acompanhar sua educação na fé, isto é, seu caminho na catequese.

Vale mencionar que a fé transmitida pelas famílias aos seus filhos não é uma fé particular: é a fé da comunidade-Igreja. Por isso, podemos afirmar que a catequese é tarefa da comunidade eclesial – da qual os pais são parte e, portanto, também responsáveis. Se nas famílias acontece a primeira experiência de Deus, a catequese paroquial avança no processo de educação da fé oferecendo experiências de Igreja e de fé celebrada e vivida, além de conduzir à vida na comunidade.

Em síntese, família e catequese têm uma missão comum: educar para os valores essenciais da vida. Famílias e catequistas devem atuar juntos, cada um fazendo a sua parte no processo de educação da fé das crianças, adolescentes e jovens. Por isso, a Igreja percebe a necessidade de motivar as famílias para que se comprometam a colaborar efetivamente com a catequese de seus filhos. Não é exagero afirmar que toda a família deve ser envolvida no processo da catequese para que, juntos, filhos, pais, famílias e comunidade amadureçam a fé e experimentem com alegria e amor a presença de Jesus em suas vidas, especialmente pela Eucaristia. Os encontros com pais, ao longo do processo catequético, tornam-se ocasiões preciosas para interação, reconhecimento e incentivo às famílias quanto à sua missão de ser berço da fé.

No entanto, as famílias precisam ter consciêncic de que catequese não é um evento ocasional ou temporário, que visa apenas preparar para os sacramentos. Na verdade, a catequese é um processo permanente, isto é, para a vida toda, e a família deverá acompanhar essa caminhada. Por isso, a participação ativa na catequese dos filhos, uma prática religiosa constante, uma vida de oração e um engajamento em atividades sociotransformadoras da comunidade contribuem para formar adultos maduros na fé e para despertar a empatia pelo próximo.

Por fim, é importante mencionar que a Igreja precisa acolher e cuidar das famílias, qualquer que seja sua situação, e inseri-las no processo catequético dos seus filhos, ajudando-as a se aproximarem da comunidade. A participação efetiva das famílias na catequese (ou seja, em todas as atividades e eventos promovidos pela Pastoral Catequética na paróquia) contribui para despertar e amadurecer um senso de comunidade e de pertença.

SOBRE AS CELEBRAÇÕES E OS ENCONTROS CELEBRATIVOS

Celebrar é essencial para o ser humano; é um jeito de expressar e não deixar esquecer o significado daquilo que é celebrado – acontecimentos, pessoas, datas. Celebramos as coisas importantes e, por isso, elas não são esquecidas. Celebrar é isso: tornar célebre, experimentar e mostrar que algo é tão importante que não pode ser esquecido. Celebramos a vida e nosso Deus, seu amor infinito por nós e seu projeto de salvação para toda a humanidade (Calikoski *et al.*, 2023).

As celebrações têm grande importância no âmbito da catequese: sem dúvida, uma catequese celebrativa ajuda a descobrir e sentir a beleza do encontro com o Senhor. Se a catequese conduz ao Mistério de Deus, o sentido desse mistério precisa alcançar a pessoa; assim, tudo na celebração deve contribuir para que ela seja tocada pelo Mistério e faça uma experiência marcante de fé: não há como enraizar o que é motivo de reflexão sem que haja interiorização, agradecimento ou louvor.

As celebrações na catequese são meios para experimentar a graça divina na simplicidade da flor, na luz da vela, no perfume do incenso, no gesto de ajoelhar-se, na cruz que revela o amor, no refrão de um canto que renova a esperança... Todos esses elementos, sob a forma do simbólico, configuram nossa identidade cristã e conservam a verdade histórica da salvação, que fundamenta o rito, e são muito valiosos no dia a dia da catequese (Calikoski *et al.*, 2023).

Em nossas relações interpessoais precisamos de comunicação e a comunicação precisa de sinais, gestos, objetos e ações significativas. Não é carregado de significado o toque dos pais e mães em seu bebê recém-nascido, que se sentem, assim, mais próximos? O gesto não apenas comunica afeto, mas contribui para formar uma "história" que vai marcando o relacionamento. Assim também é nossa relação com Deus. Olhando para a Escritura Sagrada, vemos que a experiência de Deus é, quase sempre, mediada por sinais, símbolos, gestos ou objetos. Foi assim com Moisés diante da sarça ardente (cf. Ex 3,2), no conforto a Elias no pão e na brisa (cf. 1Rs 19,7.12), na bacia e na água no lava-pés (cf. Jo 13,1-17) ou no toque de Tomé nas mãos e no lado do Senhor (cf. Jo 20,27). Por isso a importância da dimensão celebrativa na catequese que, com seus sinais, símbolos e gestos, colabora para que o Mistério celebrado seja, de fato, interiorizado pelos catequizandos.

Não é exagero afirmar que comunicamos mais sobre os mistérios divinos por meio de sinais, símbolos ou gestos do que falando sobre eles. Por isso, cada celebração deve ser baseada na vida (confrontando vida e fé), centrada na Palavra de Deus e enriquecida por sinais e símbolos, recorrendo a gestos e cantos, ao silêncio e a tudo o que possa colaborar para interiorizar a mensagem. Por exemplo: na catequese, ao falarmos sobre a travessia do Mar Vermelho, narramos a ação de Deus em favor do seu povo, separando as águas do mar para permitir sua passagem. Podemos entender o "nosso Mar Vermelho" como as dificuldades que enfrentamos na vida e que Deus nos ajuda a superar. Nesse contexto, podemos cantar: "se as águas do mar da vida quiserem te afogar, segura na mão de Deus e vai..." Com as palavras do canto colocamos nossa vida na Escritura Sagrada e sentimos a proximidade de Deus: o canto, em um momento celebrativo, ajuda-nos a tomarmos posse do Mistério divino!

COLEÇÃO CRESCER EM COMUNHÃO COM AS FAMÍLIAS

Para enfrentar os desafios presentes nas diferentes realidades atualmente, tendo em vista fortalecer a caminhada catequética de crianças e adolescentes e evangelizar suas famílias, esses volumes da coleção *Crescer em Comunhão* são dirigidos às famílias. O objetivo é ambicioso: transformar a vida das famílias dos catequizandos, motivando-as a fazerem experiências da Palavra de Deus, de forma celebrativa, para que sejam reanimadas na vivência da fé e descubram o prazer da convivência comunitária.

O destaque está em propor uma catequese querigmática e mistagógica. Querigmática, isto é, com o foco em Jesus Cristo, que é apresentado com entusiasmo e como alguém sempre muito próximo da vida concreta das famílias; cada tema foi escolhido para favorecer o encontro pessoal com Jesus Cristo. Mistagógica, ou seja, capaz de conduzir ao Mistério de Deus; por isso, os encontros com pais e responsáveis precisam ser orantes e celebrativos, levando ao encontro com a Pessoa de Jesus Cristo.

Estes volumes têm por base o itinerário catequético definido pela coleção *Crescer em Comunhão*; portanto, são apresentados cinco volumes, cada um deles com encontros sugeridos com pais e responsáveis, que, por sua vez, poderão participar de uma experiência de catequese e acompanhar a caminhada dos catequizandos. A mensagem a ser comunicada é sempre a Boa-nova anunciada por Jesus Cristo, da qual o catequista é porta-voz. Cada tema escolhido está relacionado à realidade da vida das famílias, para que descubram (ou redescubram) como viver sua fé.

ORIENTAÇÕES METODOLÓGICAS

OS TEMAS NESTE VOLUME

Para a caminhada de educação na fé, o terceiro volume da coleção *Crescer em Comunhão* traz a reflexão sobre temas que relacionam fé e comunidade. O objetivo é levar o catequizando a descobrir a comunidade como espaço para anunciar e manter vivos os sinais de salvação, do amor de Jesus e de realização do projeto do Mestre Jesus. As famílias, por serem agentes importantes na caminhada de seus filhos, são também chamadas a redescobrirem a comunidade e a compreenderem que nela está seu lugar único e intransferível.

A proposta para este volume, dedicado à catequese com as famílias, está, portanto, sustentada na vivência da comunidade, destacando a família como a primeira comunidade com a qual os catequizandos têm contato, sua primeira referência. Nessa pequena comunidade, eles observam a dinâmica das relações interpessoais, experimentam sua liberdade, crescem como seres interrelacionais e desenvolvem sua identidade.

Os cinco encontros deste volume propõem para reflexão:

- A **Igreja**, a ser entendida como a família dos seguidores de Jesus e sinal de comunhão. Com a tarefa de continuar a missão de Jesus entre os homens, a Igreja deve ser uma comunidade viva, presente e atuante. Todos os batizados formam essa Igreja viva, que é fortalecida pela diversidade de dons e carismas de seus membros e, como Igreja, todos são chamados a ser sinal de comunhão no mundo, realizando a vontade de Jesus.

- **Maria**, a ser reconhecida como Mãe de todos nós, a partir de um gesto profundamente amoroso de seu Filho Jesus na cruz.

- Os **sacramentos**, a serem compreendidos como sinais permanentes do amor de Deus. Pelos sacramentos da Iniciação Cristã, começamos nossa vivência cristã, animados pelo tes-

15

temunho e fortalecidos pelo agir da comunidade que nos acolhe como filhos.

- A **família**, a ser identificada como espaço de perdão e de prática do amor. A família é onde tudo começa, onde são ensinados e aprendidos os valores que levaremos por toda a vida e, especialmente, onde aprendemos a confiar e a amar.

- A **Eucaristia**, a ser entendida como escola de serviço. Todos os batizados, animados pelo mesmo Espírito que animou a vida de Jesus, são inspirados a realizar no mundo a proposta transformadora de amor e justiça, anunciando o amor de Deus por todos e cuidando dos semelhantes. A Eucaristia precisa ser vivenciada no dia a dia pela prática do serviço, assumindo em nosso agir o gesto do lava-pés de Jesus Cristo.

A ORGANIZAÇÃO DOS ENCONTROS

Para participar dos encontros é importante conhecer e entender sua organização e o sentido de cada um dos momentos propostos. Neste volume, os encontros estão assim organizados:

Objetivo
Ajuda a compreender o que se quer a partir das reflexões propostas; é importante conhecer o objetivo do encontro para fazer com que ele seja, de fato, alcançado.

Recursos
Indica a relação do que é sugerido para o desenvolvimento do encontro.

Ambientação
Oferece sugestões e orientações para organizar o espaço de maneira adequada ao desenvolvimento do encontro, favorecendo a interiorização das reflexões e o encontro pessoal com Jesus Cristo.

Texto introdutório

Apresenta as ideias essenciais acerca do tema de cada encontro e pistas para a reflexão sobre o texto bíblico proposto. Para os familiares, esse texto introdutório irá ajudá-los a conhecerem e a aprofundarem o tema proposto; para os catequistas-animadores, será um subsídio para ajudá-lo no desenvolvimento do encontro.

Momento celebrativo

Organizado de maneira a favorecer uma dinâmica orante; é composto de:

Orações

Realizadas ao longo do encontro, motivando ou interiorizando reflexões, atividades e vivências.

Reflexões dialogadas

Desenvolvidas a partir de acontecimentos da vida e de um texto bíblico inspirador, em um grande diálogo entre os participantes.

Cantos

Propostos como meios para interiorizar as reflexões e orações do encontro.

A Palavra de Deus ilumina nosso encontro

Leitura e reflexão sobre um texto bíblico que ajuda a perceber a realidade da vida em família e favorece a troca de experiências entre os participantes.

Fé e vida – uma tarefa para a família

Apresenta uma proposta de leitura bíblica e uma pergunta inspiradora para iluminar a reflexão e o diálogo da família após o encontro, em casa.

1

Igreja,
família dos seguidores de Jesus Cristo, sinal de comunhão

☆ Objetivo

Compreender que a Igreja, constituída por todos os batizados, tem a missão de anunciar Jesus Cristo testemunhando a comunhão.

Recursos

- Uma mesa, uma toalha branca, uma Bíblia e um suporte para ela, folhagens naturais. Círio Pascal (ou uma vela grande, de cor natural), velas pequenas (uma para cada participante).

- Uma imagem grande de uma igreja (na qual apareça o telhado, as paredes e as portas abertas) em ambiente urbano (rodeada por casas e/ou edifícios); recortes ou desenhos de pessoas (adultos, jovens, idosos, crianças, homens, mulheres, diferentes etnias, cadeirantes etc.); uma folha grande de cartolina (ou papel kraft).

- Pincéis atômicos de várias cores e um de cor preta.

- Fita adesiva para fixar a cartolina à parede (ou busque uma outra maneira para sua exposição).

Ambientação

À frente, no local do encontro, coloque a mesa coberta com a toalha branca; sobre a mesa, no centro, posicione o Círio Pascal sobre as folhagens e, ao lado, em um suporte adequado, coloque a Bíblia fechada; à frente da mesa (prendendo na toalha com pequenos alfinetes), deixe visível o desenho da igreja.

No início do encontro, entregue a cada participante uma vela.

Deixe um cesto (ou algo semelhante) contendo os recortes ou desenhos de pessoas próximo à mesa. Conferir informações no anexo 1.

Junto à entrada do local do encontro, deixe uma mesa com a folha de cartolina e um canetão de cor preta. Ao chegar, cada participante deverá escrever seu nome nessa cartolina. Convide um casal para, no momento indicado, levar o cartaz preparado com os nomes dos participantes. Depois, convide duas pessoas para a atividade e entregue a cada uma delas um pincel atômico (de cores diferentes). Explique que, quando forem chamadas, deverão unir os nomes escritos na folha de cartolina, da maneira como quiserem, em silêncio, formando uma rede colorida (adaptação de: *Sou catequista*, 2017).

- A Igreja é o caminho natural que Jesus nos deixou em vista da nossa salvação. Aceitar Jesus Cristo exige aceitar sua Igreja; isso faz parte do Evangelho, e nós o professamos ao afirmarmos "Creio na Igreja una, santa, católica e apostólica".

- Jesus afirmou que Ele e o Pai "farão morada" naquele que o ama e guarda sua Palavra (cf. Jo 14,23). Podemos, então, dizer que Deus faz sua morada no mundo, nas comunidades que se organizam em seu nome. Portanto, as comunidades eclesiais precisam cultivar o amor, o serviço e a abertura às necessidades das pessoas (Brassioni, 2022).

- No dia de Pentecostes, tendo recebido o Espírito Santo, os apóstolos e os discípulos constituíram o novo Povo de Deus, identificado pelo seguimento de Jesus. Eles formaram uma comunidade, a Igreja, na qual todos são irmãos, filhos de um só Pai, inaugurando o Reino definitivo de Deus (Missionários redentoristas, 2008).

- Os discípulos receberam de Jesus a missão de evangelizar, isto é: anunciar a Boa-nova, proclamar e promover a dignidade e a liberdade da pessoa humana, servir a todos, especialmente aos mais fragilizados. A Igreja é, portanto, chamada a construir a civilização do amor baseada na participação e na comunhão, em um processo contínuo de construção da fraternidade (Santos, 1979).

- A Igreja é chamada a dar testemunho de comunhão; suas ações pastorais devem mostrar que, a partir da relação com Deus, buscamos favorecer e fortalecer os vínculos interpessoais (cf. EG, n. 67).

- O Santo Papa João Paulo II afirmou que a Igreja deve ser "casa e escola de comunhão" (MI, n. 43). Casa como espaço once nos sentimos tão bem acolhidos como se estivéssemos na casa dos nossos familiares. Portanto, de acordo com o santo Padre, cada comunidade paroquial deve ser como lugar de família, de perdão, de encontro e de vida que se renova. O encontro com Deus nas celebrações é intermediado pelo encontro com o outro – alguém com nome, história, sonhos e que quer ser acolhido.

- Jesus Cristo nasceu e cresceu em uma família humana. A Igreja é a "família de Deus" e as famílias cristãs são "lares de fé viva e irradiante" (CIgC, n. 1655), "igrejas domésticas" (cf. CIgC, n. 1656), comunidades de fé, de esperança e de caridade (cf. CIgC, n. 2204).

- A Igreja precisa estar atenta aos desafios de cada época para contribuir, de forma eficaz, para um mundo mais justo e fraterno. Essa responsabilidade é de todos os batizados, cada um segundo sua condição (ministros ordenados, religiosos ou leigos) e com os dons recebidos de Deus; começando na família, ela avança pela participação na comunidade paroquial até se estender por todo o mundo.

Momento celebrativo

ACOLHIDA

Canto: *Reunidos aqui*[1].

(Durante o canto, um casal entra com o cartaz com os nomes dos participantes e o coloca fixado à parede.)

Animador 1 – Queridas famílias, sejam bem-vindas a este encontro. É com alegria que as recebemos! A presença de cada um de vocês é sinal da vontade de descobrir, conhecer e aprofundar o que é ser cristão, discípulo de Jesus Cristo. Reconhecendo a importância de cada um para a caminhada de todos, vamos acolher quem está ao nosso lado com um abraço, dizendo: "é bom encontrar você aqui!".

Animador 1 – No decorrer de nossas vidas, descobrimos e entendemos muitas coisas que nos ajudam a viver a nossa fé com mais consciência. Hoje iremos refletir sobre a *Igreja, família dos seguidores de Jesus Cristo*, para reconhecê-la como espaço de comunhão. Iniciemos recordando quem somos: filhos de Deus, seguidores de seu Filho Jesus Cristo, marcados pelo Espírito Santo. Em nome do Pai e do Filho e do Espírito Santo.

Todos – Amém.

---

1   REUNIDOS AQUI. [S.l: s.n.], 2018. 1 vídeo (1min3). Publicado pelo canal Pe Marcelo Rossi. Disponível em: https://youtu.be/9q61K3lUR34?feature=shared. Acesso em: 14   maio 2024.

Animador 1 – Que a paz de Deus esteja com todos vocês!

Todos – Bendito seja Deus, que nos reuniu em seu amor!

 ## CONVITE À ORAÇÃO

(Apague as luzes do local do encontro, deixando apenas o Círio Pascal aceso.)

Animador 2 – O Círio Pascal nos recorda que Jesus Cristo é a Luz do mundo. De maneira simbólica, enquanto cantamos, vamos acender nossa vela como sinal de que queremos a Luz de Cristo em nossa vida.

(Espere que todos acendam suas velas e retornem aos seus lugares.)

Canto: Vem, Espírito Santo, vem[2].

Animador 2 – Jesus Cristo prometeu enviar o Espírito Santo para nos ajudar a compreender e viver seus ensinamentos. Pedindo a graça de sermos dóceis à ação do Espírito Santo em nós, rezemos:

Todos – Vinde, Espírito Santo, enchei os corações dos vossos fiéis e acendei neles o fogo do vosso amor. Enviai o vosso Espírito, e tudo será criado, e renovareis a face da Terra.

Animador 2 – Oremos.

Todos – Deus, que instruístes os corações dos vossos fiéis com a luz do Espírito Santo, fazei que apreciemos retamente todas as coisas, segundo o mesmo Espírito, e gozemos sempre da sua consolação. Por Cristo, Senhor Nosso. Amém.

---

2   VEM ESPÍRITO SANTO VEM, VEM ILUMINAR – Ministério Nova Vida. [S.l.: s.n.], 2019. 1 vídeo (2min17). Publicado pelo canal Matheus Zelanti – Louvores a Deus. Disponível em: https://youtu.be/zg4OP1EoV_0?feature=shared. Acesso em: 14 maio 2024.

COMPREENDER PARA AMAR

Animador 1 – Jesus chamou e reuniu seus discípulos, a quem deixou a missão de continuar sua obra, conforme a vontade do Pai. Caminhando com Jesus, eles ouviam suas palavras e viam suas atitudes, partilhavam vivências e aprendiam com Ele. Toda essa experiência nos ajuda a compreender como surgiu a Igreja?

(Momento para manifestações dos participantes.)

Animador 2 – Jesus formou uma pequena comunidade com os discípulos, lançando a semente da sua Igreja. No dia de Pentecostes, pelo dom do Espírito Santo, a Igreja começou sua caminhada no mundo, vivendo como Jesus ensinou, organizando-se frente às necessidades que surgiam e tornando visível sua missão: ser instrumento do Reino (cf. DP, n. 227) e da unidade de todo o gênero humano (cf. LG, n. 26).

Todos – *Os discípulos transformaram em força e união o que tinham vivenciado com Jesus. O seu testemunho atraía outras pessoas e surgiam novas comunidades.*

Animador 1 – Depois de vinte séculos, mais de um bilhão de pessoas no mundo se declaram cristãs, e continuam a surgir novas comunidades. Nós, batizados, somos hoje a Igreja desejada por Jesus. *O que sabemos sobre a Igreja?*

(Momento para as manifestações do grupo.)

Animador 1 – Primeiramente, vamos recordar que Jesus ensinou algo totalmente novo: Deus é Pai de todos e todos nós somos irmãos, porque somos filhos de um mesmo Pai. Esse ensinamento é essencial para compreender o que é a Igreja.

Para nos ajudar, vamos ler as frases expostas neste espaço onde nos reunimos, procedendo da seguinte forma:

a. Todos irão circular para ler as frases;

b. Após ler todas as frases, cada um irá se posicionar perto daquela com a qual mais se identifica ou que mais o questiona;

c. Os grupos formados irão conversar sobre a frase escolhida e, na sequência, partilhar a conversa com todos.

(Espere um tempo para a conversa e a partilha, reforçando os pontos principais.)

Animador 2 – Vamos observar esse cartaz em que cada um escreveu seu nome.

(Um casal deve apresentar o cartaz e levantá-lo para que todos possam observá-lo.)

Animador 2 – Assim, como está, ele apenas indica quem está presente, mas, pode ser diferente. O que acontece se traçarmos uma linha ligando os diferentes nomes?

(As pessoas escolhidas aproximam-se do cartaz e ligam os nomes, formando uma rede colorida. Em seguida, retornam aos seus lugares.)

Animador 2 – Agora, o que vemos? O que está diferente? (ouvir manifestações). As linhas unindo todos os nomes formaram uma rede, mostrando as relações que unem as pessoas e suas famílias e fazendo com que formem uma comunidade e a qual é espaço para viver a comunhão.

Todos – *Viver a comunhão é deixar que Deus e os outros façam parte da nossa vida e nós façamos parte da vida deles.*

A PALAVRA DE DEUS ILUMINA NOSSO ENCONTRO

Animador 1 – Comunhão não é um sentimento, é algo bem concreto: uma relação de convivência, vivida em benefício do outro e a favor da vida (cf. Ef 4,2). São Paulo, na Carta aos Efésios, fala-nos sobre os frutos da comunhão na Igreja. Vamos ouvir.

Canto de Aclamação: à escolha.

(Durante o canto de aclamação, retire a Bíblia que está sobre a mesa, pois dela será proclamada a Palavra; se for necessário, o texto já pode estar indicado com um marcador de página.)

Leitura da Carta de São Paulo aos Efésios – Ef 4,10-16.

Leitor – Palavra do Senhor.

Todos – Graças a Deus.

Animador 1 – Convido vocês para uma breve reflexão sobre a Palavra proclamada. Em nossos dias, muitas situações contribuem para que as pessoas se distanciem do ensinamento de Jesus. Como vivemos a proposta de vida que Jesus nos faz?

(Silêncio para reflexão pessoal e, em seguida, partilha entre todos.)

Animador 1 – Os discípulos de Jesus não apoiam divisões, nem concordam com algo que possa enfraquecer a Igreja ou o vínculo entre as pessoas, inclusive nas famílias. Como vivemos a comunhão em nossas famílias e em nossa comunidade?

(Silêncio para reflexão pessoal e, em seguida, partilha entre todos.)

Animador 1 – O mundo hoje precisa do testemunho da novidade que Jesus Cristo nos deu: irmãos que se amam, mesmo nas diferenças (Francisco, 2023). Como testemunhamos essa novidade de Jesus?

(Silêncio para reflexão pessoal e, em seguida, partilha entre todos.)

Todos – *Que a tua Palavra, Senhor, guie nossos passos!*

Animador 1 – Uma Igreja que seja realmente casa e escola da comunhão revela o desejo do Pai de que todos os seus filhos vivam como verdadeiros irmãos e a vontade de Cristo de que todos sejam um (Francisco, 2014). Igreja-casa implica proximidade entre as pessoas, que deixam de ser anônimas e se tornam familiares, criando comunhão; é preciso que essa casa tenha as portas abertas para acolher o outro em um mundo cada vez mais individualista, indiferente e violento. Em uma casa, a colaboração de cada um é importante. Como podemos colaborar com a Igreja-casa de nossa comunidade?

(Momento para manifestações dos participantes.)

Animador 1 – (Mostrando aos participantes a imagem da igreja): Se reconhecemos que somos todos irmãos, então entendemos a exigência de vivermos em comunidade, partilhando a vida e participando da Igreja, que é nossa família cristã. Essa imagem nos mostra um templo, feito de tijolos. E tijolos não têm vida, não partilham experiências. Para que a imagem represente a Igreja, família dos seguidores de Jesus, vivendo em comunhão, o que falta? As pessoas que dão vida à Igreja. Cantando, vamos formar a "família dos seguidores de Jesus".

(Convide os participantes a fixarem na gravura da igreja uma das figuras de pessoas.)

Canto: *Oração de São Francisco*[3].

---

3 FAGNER – Oração de São Francisco (Estrelas do Natal). [*S.l.: s.n.*], 2014. 1 vídeo (3min15). Publicado pelo canal MZA Music. Disponível em: https://youtu.be/99_GuzlkiUM?feature=shared. Acesso em: 14 maio 2024.

ORAÇÃO FINAL

Animador 2 – Irmãs e irmãos, na certeza de que, se aqui estamos, é porque queremos viver e testemunhar nossa confiança em Deus e nosso amor pela Igreja, rezemos juntos:

> Senhor Deus, nosso Pai, olhai para a vossa Igreja e para a nossa família, que é uma pequena Igreja que busca crescer em ti.
>
> Dai-nos o vosso auxílio, a vossa paz, o vosso amor.
>
> Enchei-nos do vosso Espírito para sermos firmes no amor uns pelos outros; para vivermos em comunhão convosco e com os irmãos; para nos mantermos unidos na paz e na caridade; para formarmos um só Corpo, que é a Igreja de vosso Filho Jesus Cristo.
>
> Concedei-nos, Senhor nosso Deus, o entendimento para professarmos a mesma fé de nossa comunidade e a graça de vivermos a mesma esperança, para juntos chegarmos ao perfeito amor em Jesus Cristo. Amém.

Animador 2 – Que o Senhor Deus abençoe cada pessoa e cada família que aqui está. Em nome do Pai e do Filho e do Espírito Santo.

Todos – *Amém.*

Animador 2 – Louvado seja Nosso Senhor Jesus Cristo!

Todos – *Para sempre seja louvado!*

Canto sugerido: *Canção da unidade*[4].

---

4   MENSAGEM BRASIL – Canção da Unidade. [S.l.: s.n.], 2009. 1 vídeo (3min48). Publicado pelo canal digibug00. Disponível em: https://youtu.be/LMIJESwkXMM?feature=shared. Acesso em: 14 maio 2024.

FÉ E VIDA – UMA TAREFA PARA A FAMÍLIA

Em família, ler e meditar o texto: Ef 4,1-7. Recebemos de Deus aquilo que é necessário para que se cumpra sua vontade. O que significa para nós essa afirmação?

2

Maria,
Mãe de Deus, Mãe de todos nós

☆ Objetivo

Compreender que Maria, Mãe de Jesus, é Mãe de todos nós e, portanto, é Mãe da Igreja.

📓 Recursos

- Uma mesa revestida com tecidos nas cores branco e azul.
- Uma Bíblia com suporte.
- Uma imagem de Maria (padroeira da comunidade, da diocese ou outra venerada na região).
- Um terço (se possível, grande).
- Flores naturais.
- Cinco velas.
- Oração da Ave Maria impressa em papel cartão para cada participante (sugestão: de tamanho para ser usado como marcador de página na Bíblia).

❀ Ambientação

Sobre a mesa, coloque a imagem de Maria cercada pelas flores; se possível, disponha as cadeiras em cinco pequenos círculos. Convide os pais e as mães que irão participar como leitores, definindo a fala de cada um.

Ao final do encontro, haverá a entrega da oração da Ave Maria aos pais. Para esse momento, é sugerida uma frase inspirada nas palavras dirigidas ao Povo de Deus à época da Aliança no Sinai (cf. Dt 6,6s.). Para ressaltar a importância de Maria como nossa Mãe e Mãe da Igreja, conduza esse momento de maneira singela, porém solene.

- Maria, mulher cheia de fé e esperança, colaborou com a obra de Salvação ao dar seu "sim" incondicional na Anunciação, com sua fidelidade ao lado do Crucificado e com sua presença junto à Igreja nascente.

- Nos primeiros tempos da Igreja, Maria era vista como a Mãe dos filhos de Deus e modelo de discipulado para quem queria fazer parte da comunidade. Ela intercedia, com suas orações, pela Igreja nascente e continua a interceder por cada um de nós, seus filhos.

- Desde os primeiros tempos, a Igreja venerou Maria como Mãe e, de forma carinhosa, deu a ela muitos títulos, sinais de amor filial, em diferentes épocas e lugares. Porém, Maria é uma só: a Mãe de Jesus, a nossa Mãe.

- O Papa Bento XVI afirmou que a presença de Maria com os apóstolos, depois da Ascensão do Senhor, não é somente um registro histórico de algo do passado. Ela partilha com os apóstolos a memória viva de Jesus, na oração, e a missão de conservar a presença e a memória de seu Filho Jesus (Bento XVI, 2012).

- Com Maria, começou a vida terrena de Jesus e, também, os primeiros passos da Igreja. Maria, discreta e humilde, acompanhou toda a vida pública de Jesus até a cruz e continua a acompanhar, como intercessora, o caminho da Igreja.

- Ao final da terceira sessão do Concílio Vaticano II (1964), o Papa Paulo VI declarou Maria "Mãe da Igreja, isto é, de todo o povo cristão" (Vatican News, 2021).

- "A Virgem Maria... é reconhecida e honrada como sendo verdadeiramente a Mãe de Deus e do Redentor... Ela é 'claramente a mãe dos membros de Cristo... Maria, Mãe de Cristo, Mãe da Igreja'" (CIgC, n. 963s.).

- Junto à cruz está a "Mulher", "em pé", e o discípulo amado. Eles são chamados com palavras que apontam para o papel de cada um e simbolizam duas realidades da História da Salvação. A "Mãe" nos remete à origem; o "discípulo" é aquele que continua. Ela representa o passado, ele o futuro; ela é o Israel fiel, ele o novo povo fiel que Jesus tanto ama (Rampazzo, 2017).

- Jesus não quis apenas confiar sua Mãe a João, mas entregar o discípulo à Maria, atribuindo a ela uma nova missão materna, mais um sinal do amor que levou Jesus a dar sua vida por todos nós. Na cruz, esse amor se manifesta ao nos dar sua Mãe, que se torna, então, também nossa Mãe. A maternidade universal de Maria recorda Eva, "mãe de todos os viventes" (Gn 3,20); porém, enquanto Eva contribuiu para a entrada do pecado no mundo, Maria, a nova Eva, colabora para a redenção da humanidade (João Paulo II, 2014).

- A oração da Ave Maria é composta por duas partes. A primeira delas (louvor) é bíblica e suas palavras remetem à Anunciação e à Visitação (cf. Lc 1,28.42). Essas duas saudações eram recitadas nos mosteiros, no século XI. No século XV foi acrescentado o início da segunda parte (súplica) por São Bernardino de Senna. A fórmula, tal como conhecemos, foi definida no século XVI, pelo Papa Pio V.

Momento celebrativo

 ACOLHIDA

Canto: *Imaculada, Maria de Deus*[5].

Animador 1 – Queridas famílias, irmãs e irmãos, com alegria nos encontramos. Hoje, nosso olhar irá se voltar com especial carinho e atenção para Maria, Mãe de Jesus Cristo. Como filhas e filhos de Deus, reunidos em seu amor, iniciemos: em nome do Pai e do Filho e do Espírito Santo. Amém.

 CONVITE À ORAÇÃO

Pais – Peçamos ao Pai que nos dê sabedoria para fazermos da Igreja nossa comunidade de fé, a casa de nossas famílias.

Mães – Peçamos ao Filho, Jesus Cristo, que derrame sobre nossos corações sua Luz, para que nossos filhos cresçam sempre em sua presença.

Todos (cantando apenas o refrão) – *A nós descei, Divina Luz*[6].

---

5 [MARIA] IMACULADA MARIA DE DEUS. [s.l.: s.n.], 2019. 1 vídeo (3min54). Publicado pelo canal Louvores ao Santíssimo. Disponível em: https://youtu.be/ANCIT--QnvQ?feature=shared. Acesso em: 14 maio 2024. IMACULADA, Mariana de Deus. [S.l.: s.n.], 1996. 1 áudio (3min44). Publicado por Cantos do Hinário Litúrgico da CNBB. Disponível em: https://open.spotify.com/intl-pt/track/2AQtbtKFM7PYez0mjgIIcm?si=6ba1816f4cd942d6. Acesso em: 14 maio 2024.

6 A NÓS DESCEI, DIVINA LUZ. [S.l.: s.n.], 2005. 1 áudio (5min36). Publicado por Cantos do Hinário Litúrgico da CNBB. Disponível em: https://open.spotify.com/intl-pt/track/6JIgvyjHe8vgWD5FPLrBac?si=dab2a00aa3974006. Acesso em: 14 maio 2024.

Pais – Peçamos ao Espírito Santo de Deus que nos dê discernimento para que nossas famílias vivam sempre no amor e na paz.

Mães – Peçamos ao Espírito Santo que nossas famílias e nossa comunidade sejam espaços de verdadeira fraternidade.

Todos – (cantando apenas o refrão) A nós descei, Divina Luz.

COMPREENDER PARA AMAR

Mãe – Deus chamou Maria e ela lhe respondeu: "Faça-se em mim segundo a vossa vontade" (Lc 1,38). Com esse "sim" ao projeto de salvação de Deus, Maria se tornou a Mãe do Salvador prometido.

Animador 2 – Maria marcou fortemente todo o povo de Deus ao longo do tempo, criando um ambiente familiar e trazendo o desejo de acolhimento, amor e respeito pela vida (cf. Santos, 1979).

Pai – Toda a vida de Maria revela o cuidado maternal de Deus conosco.

Animador 2 – Os evangelhos pouco falam sobre Maria. Porém, nas ocasiões em que aparece, conseguimos identificar quem ela foi: mulher cheia de fé, totalmente confiante em Deus e sempre pronta para realizar o que Ele lhe pedia. No Evangelho segundo São João lemos que Jesus, na cruz, deu-nos Maria, sua Mãe, como Mãe de todos nós. Esse será o tema da nossa reflexão.

A PALAVRA DE DEUS ILUMINA NOSSO ENCONTRO

Canto de Aclamação: à escolha.

(Durante o canto de aclamação, retire a Bíblia que está sobre a mesa, pois dela será proclamada a Palavra; se for necessário, o texto já pode estar indicado com um marcador de página.)

Leitura do Evangelho de Jesus Cristo segundo São João – Jo 19,25-27.

Leitor – Palavra da Salvação.

Todos – *Glória a Vós, Senhor.*

Animador 1 – Em nossas Bíblias, vamos ler mais uma vez, em silêncio, o texto proclamado.

(Aguardar alguns minutos para a leitura pessoal.)

Animador 1 – O que o texto diz a cada um de nós?

(Momento de partilha).

Animador 1 – Jesus, naquele momento de grande sofrimento físico e emocional, pensou nos homens e mulheres de todo o mundo.

Mães – "Mulher, eis aí o teu filho" (Jo 19,26).

Pais – "Eis aí a tua Mãe" (Jo 19,27).

Animador 1 – As palavras de Jesus, pronunciadas na Cruz pouco antes de sua morte, apontam para o lugar privilegiado de Maria junto aos cristãos: ela é a Mãe de todos! E o que faz uma mãe?

(Momento para manifestações dos participantes.)

Mãe 1 – Maria intercede em favor de todos; ela age como uma mãe, atenta às dores e às dificuldades de seus filhos.

Mãe 2 – Maria é exemplo de fé nas primeiras comunidades cristãs; ela age como uma mãe que dá testemunho de fé a seus filhos.

Mãe 3 – Maria é exemplo de serviço; ela age como uma mãe que serve com alegria e humildade, buscando sempre o bem de seus filhos.

Mães – Por sua fidelidade e obediência à Palavra de Deus, Maria é modelo para cada um de nós, seus filhos.

Animador 1 – Conseguimos perceber entre nós as atitudes e os gestos de Maria? Em pequenos grupos, vamos conversar sobre essa questão e depois partilhar as principais ideias com todos.

(Defina um tempo para esse momento e oriente os participantes para que formem pequenos grupos para conversar.)

Entrega da oração da Ave Maria

Animador 2 – A oração da Ave Maria reúne humildade e confiança. Na primeira parte, reconhecendo como somos pequenos diante da Virgem Santíssima, exaltamos Maria, que é "cheia de graça e bendita entre as mulheres", e louvamos Jesus, o fruto de seu ventre. Na segunda parte, com uma súplica filial, confiamos à Mãe os momentos decisivos de nossa vida: o agora e a hora de nossa morte.

Animador 1 – Vocês irão receber a oração da Ave Maria, que nos recorda o amor de Jesus por nós e nos coloca como filhos confiantes diante de nossa Mãezinha, que quer cuidar de nós e guiar nossos passos em direção a seu Filho Jesus.

(Um catequista – ou mais, se for conveniente – entregará a oração a cada participante, dizendo: "Guarde em seu coração essas palavras, repetindo-as sempre e ensinando-as a seus filhos com zelo e perseverança!".)

ORAÇÃO FINAL

Animador 2 – Enquanto rezamos juntos a Ave Maria, procuremos meditar sobre uma virtude de nossa Mãezinha que devemos procurar imitar. Para isso, vamos nos organizar, formando cinco grupos em círculos, seguindo as orientações:

Os participantes de cada grupo irão recitar duas vezes a oração da Ave Maria; enquanto rezam, uma vela passará entre todos e cada um poderá segurá-la por alguns instantes; depois de dizerem pela segunda vez a oração, a vela será colocada sobre a mesa, junto à imagem de Maria.

1º grupo

Leitor 1 – Maria ouvia a Palavra de Deus com fé, guardava em seu coração e a praticava; venerar Maria significa aprender com ela a ter fé.

Pai – Ave Maria, cheia de graça...

Todos – *Santa Maria, Mãe de Deus...*

Mãe – Ave Maria, cheia de graça...

Todos – *Santa Maria, Mãe de Deus...*

(Um membro do grupo coloca a primeira vela sobre a mesa, junto à imagem de Maria.)

2º grupo

Leitor 2 – Maria estava em estado permanente de oração diante da vida; venerar Maria significa aprender com ela a ser comunidade orante.

Pai – Ave Maria, cheia de graça...

Todos – *Santa Maria, Mãe de Deus...*

Mãe – Ave Maria, cheia de graça...

Todos – *Santa Maria, Mãe de Deus...*

> (Um membro do grupo coloca a 2ª vela sobre a mesa, junto à imagem de Maria.)

3º grupo

Leitor 3 – Maria vivia na fidelidade e na confiança incondicionais a Deus; venerar Maria significa aprender com ela a confiar no projeto de amor de Deus para nós.

Pai – Ave Maria, cheia de graça...

Todos – *Santa Maria, Mãe de Deus...*

Mãe – Ave Maria, cheia de graça...

Todos – *Santa Maria, Mãe de Deus...*

> (Um membro do grupo coloca a 3ª vela sobre a mesa, junto à imagem de Maria.)

4º grupo

Leitor 4 – Maria, acolhedora e disponível, vivia atenta às necessidades do povo; venerar Maria significa aprender com ela a ter os olhos voltados para os irmãos.

Pai – Ave Maria, cheia de graça...

Todos – *Santa Maria, Mãe de Deus...*

Mãe – Ave Maria, cheia de graça...

Todos – *Santa Maria, Mãe de Deus...*

> (Um membro do grupo coloca a 4ª vela sobre a mesa, junto à imagem de Maria.)

5º grupo

Leitor 5 – Maria era a "serva do Senhor" (cf. Lc 1,48) e c Ele ofereceu sua vida; venerar Maria significa aprender a se fazer instrumento de Deus no mundo.

Pai – Ave Maria, cheia de graça...

Todos – *Santa Maria, Mãe de Deus...*

Mãe – Ave Maria, cheia de graça...

Todos – *Santa Maria, Mãe de Deus...*

(Um membro do grupo coloca a 5ª vela sobre a mesa, junto à imagem de Maria.)

(Um casal coloca o terço sobre a imagem de Maria, enquanto todos entoam um refrão mariano.)

Canto (apenas o refrão): *Maria de Nazaré*[7].

Animador 1 – Queridas mães, queridos pais e responsáveis, não estamos sozinhos nessa missão tão bonita e tão desafiadora de educar nossos filhos; temos conosco aquela que nunca é indiferente às nossas orações. Com uma mão sobre o ombro da pessoa que está ao seu lado e estendendo a outra mão em direção à imagem de Maria, em silêncio, peçamos a intercessão da Mãe de Jesus e Mãe de nossas famílias para que, com seu exemplo, procuremos incansavelmente viver o amor, o serviço, a fidelidade, a humildade, a disponibilidade, a presença, a confiança em Deus.

(Aguarde um instante de silêncio.)

Todos – *Senhor, que a vossa Mãe interceda por nós!*

---

7   MARIA DE NAZARÉ. [s.l.: s.n.], 2011. 1 áudio (2min51). Publicado por Padre Marcelo Rossi. Disponível em: https://open.spotify.com/intl-pt/track/4ENxf4WU6RwdjljEEⁿJfj7?si=efd 1663 696204e12. Acesso em: 14 maio 2024.

Animador 1 – Deus, que é Mãe e Pai, abençoe cada um de nós e nossas famílias: em nome do Pai e do Filho e do Espírito Santo. Amém.

Animador 1 – Caros irmãos e irmãs, vamos em paz! Que o Senhor permaneça conosco!

Todos – Graças a Deus!

Canto: Dai-nos a bênção, ó Mãe querida[8].

FÉ E VIDA – UMA TAREFA PARA A FAMÍLIA

Em família, ler e meditar o Magnificat – Lc 1,46-55. O que o Magnificat nos ensina sobre a atitude e o sentimento de Maria diante do projeto de Deus para a humanidade?

---

8   DAI-NOS A BÊNÇÃO. [s.l.: s.n.], 2007. 1 áudio (3min25). Publicado por Ziza Fernandes. Disponível em: https://open.spotify.com/intl-pt/track/7dtcyrZfUVUBZj7ijrRHRh ?si=f115309 ceebc4cf5. Acesso em: 14 maio 2024.

3

Os sacramentos
são o amor de Deus entre nós

☆ Objetivo

Compreender os sacramentos como fontes de vida e sinais do amor de Deus por nós.

📓 Recursos

- Seis velas com castiçais.

- Um ostensório.

- Partícula para exposição do Santíssimo Sacramento.

⚙ Ambientação

Se o encontro não for realizado na capela ou igreja, prepare o local para expor o Santíssimo Sacramento: à frente do local do encontro coloque uma mesa coberta com toalha branca; no centro da mesa, posicione o ostensório, ladeado por velas (três de cada lado).

Importante:

Convide um Ministro Extraordinário da Comunhão Eucarística na comunidade para participar e expor o Santíssimo Sacramento, ou um catequista que também atue como Ministro; escolha e convide pais e mães que irão fazer as leituras durante o encontro, indicando a cada um qual leitura irá assumir.

Este encontro será uma vigília de oração trazendo à reflexão os sacramentos da Iniciação Cristã.

- Desde a Igreja primitiva, aquele que queria tornar-se cristão participava de um processo de iniciação, no qual são elementos essenciais: ouvir e acolher a Palavra, que leva à conversão, a profissão de fé, o Batismo, a efusão do Espírito Santo e o acesso à Eucaristia (cf. CIgC, n. 1229).

- Os sacramentos "não só supõem a fé, mas também a alimentam, fortificam e exprimem por meio de palavras e coisas. razão pela qual se chamam sacramentos da fé" (SC, n. 59).

- Celebrando os sacramentos, a Igreja confessa sua fé: ela crê aquilo que reza.

- "Na celebração dos sacramentos, a Igreja transmite a sua memória, particularmente com a profissão de fé. Nesta, não se trata tanto de prestar assentimento a um conjunto de verdades abstratas, como sobretudo fazer a vida toda entrar na comunhão plena com o Deus Vivo" (LF, n. 45).

- Os sacramentos são sinais eficazes da graça, instituídos por Cristo e confiados à Igreja; pelos sacramentos a vida divina nos é concedida (cf. CIgC, n. 1131).

- Os sacramentos são, de fato, ação de Cristo; isto é, o próprio Cristo age em cada sacramento, comunicando a graça que Ele significa. Por isso, dizemos que os sacramentos são eficazes.

- A fé e os sacramentos mantêm uma íntima relação, porque eles não apenas supõem a fé, mas, por meio das palavras e dos ritos eles a alimentam, fortalecem e exprimem.

- Em cada sacramento, Cristo confere uma graça própria a quem o recebe para ajudá-lo a crescer na caridade, no testemunho e na santidade.

Vigília de adoração

(Todos sentados.)

Animador 1 – Estimados pais, queridas famílias, com o coração alegre nós os recebemos. Hoje nosso encontro será uma Vigília de Adoração. Somos chamados a vigiar – como os discípulos chamados por Jesus antes que se entregasse à morte, para que permanecessem vigilantes com Ele (cf. Mt 26,41). Quando estamos desatentos, corremos o risco de estar diante de um tesouro precioso, como a Palavra de Jesus, enxergar apenas algo comum e não o ouvir. Mas, quando estamos vigilantes, ficamos mais atentos ao que Ele diz a cada um de nós e preparamos nosso coração para acolher as graças que dele recebemos.

Animador 2 – Em seu amor, Deus quis se comunicar conosco com sinais, como o maná no deserto, ou por meio de pessoas escolhidas e chamadas para uma missão, como Moisés ou os profetas. Contudo, o maior sinal de Deus para nós é seu Filho Jesus; nele, Deus se fez presente entre nós: os gestos, as palavras e as atitudes de Jesus são sinais pelos quais podemos ver o agir de Deus no mundo.

Animador 1 – Antes de voltar para junto do Pai, Jesus deixou aos seus apóstolos a missão de realizar sinais que transmitissem aos homens e mulheres a graça divina. Esses sinais são os sacramentos, dons de Jesus para nós, isto é, presentes que dele recebemos na gratuidade do seu amor. Celebrar um sacramento é afirmar nossa fé e nosso compromisso em fazer frutificar o dom recebido em nossa vida.

Animador 2 – Nesta vigília iremos refletir sobre os sacramentos. Participemos com nossos corações, nossa mente e nossos sentidos, guiados por Jesus, que está conosco.

(Silêncio.)

Canto: *Confiemo-nos ao Senhor[9].*

(Todos em pé.)

Animador 1 – Reunidos para este momento de vigília, vamos louvar e bendizer o Deus da vida e pedir por nossos filhos, por nossas famílias e por todas as famílias de nossa comunidade. Em nome do Pai e do Filho e do Espírito Santo.

Todos – *Amém.*

Animador 1 – Falar sobre os sacramentos é falar sobre Jesus; é Ele a fonte e o centro de todos os sacramentos. Ele próprio age em cada um para fortalecer, sustentar e animar nossa vida e nossa fé. Para quem segue Jesus, os sacramentos são fonte de vida; se não somos seus seguidores, eles são apenas momentos que nada produzem em nós.

Animador 2 – Ao se despedir, Jesus deu uma missão aos seus apóstolos; Ele disse:

Pai 1 – "Ide, pois, fazer discípulos entre todas as nações, e batizai-os em nome do Pai e do Filho e do Espírito Santo" (Mt 28,19).

---

9   TAIZÉ – Confiemo-nos ao Senhor. [s.l.: s.n.], 2016. 1 vídeo (2min58). Publicado pelo canal Mariano. Disponível em: https://youtu.be/TrQ6dB-6mt0?feature=shared. Acesso em: 14 maio 2024.

Animador 2 – Jesus disse aos apóstolos que deveriam realizar entre as pessoas um sinal do seu amor: batizar quem acolhesse sua Palavra e decidisse segui-lo. O Batismo é o fundamento e o primeiro passo em nossa vida cristã. Pelo Sacramento do Batismo, nascemos para a vida divina; batizados, somos filhos e filhas de Deus e, como irmãos, nascemos para a Igreja.

Casal 1 – Todos os batizados formam uma única família, a família de Deus; e todos são chamados a assumir no mundo a missão de Jesus.

Canto (apenas o refrão): *Em coro, a Deus louvemos[10]*.

Animador 3 – Jesus mandou que os apóstolos anunciassem sua Palavra para que o Reino de Deus se fizesse presente em todo o mundo. Ele sabia que não seria uma missão fácil. E, para fortalecê-los e animá-los, Jesus prometeu e lhes enviou seu Espírito.

Mãe 1 – "[...] recebereis o poder do Espírito Santo que virá sobre Vós, para serdes minhas testemunhas [...] até os confins da terra" (At 1,8).

Animador 3 – Com a ajuda do Espírito Santo, os discípulos cresciam na fé e pregavam o Evangelho com alegria e convicção. Esse mesmo Espírito nós recebemos no Sacramento da Confirmação, que é o sacramento da maturidade cristã, pois nos ajuda a tomar consciência da nossa responsabilidade como cristãos e como pessoas humanas.

---

10   EM CORO A DEUS LOUVAMOS. [s.l.: s.n.], 2023. 1 vídeo (2min38). Publicado pelo canal Miria Therezinha Kolling. Disponível em: https://youtu.be/jqY7T0s0g8A?feature=shared. Acesso em: 14 maio 2024.

Casal 2 – Receber o Sacramento da Confirmação é ser fortalecido para anunciar e testemunhar o Reino de Deus entre as pessoas, com palavras e atitudes semelhantes às de Jesus.

Canto (apenas o refrão): *Em coro, a Deus louvemos.*

Animador 1 – Sabendo que se aproximava a hora de sua morte, Jesus celebrou uma última refeição com seus apóstolos. Nessa refeição, Ele nos deu seu Corpo e seu Sangue, isto é, sua Pessoa e sua Vida, em uma doação total de si mesmo. Como sinal de sua presença entre nós, Jesus escolheu o pão, alimento comum em todo o mundo; e se apresentou como o pão verdadeiro que alimenta nossa vida. Jesus disse:

Mãe 2 – "Eu sou o pão vivo que desceu do céu. Quem come deste pão viverá eternamente. E o pão que eu darei é a minha carne, entregue pela vida do mundo" (Jo 6,51).

Animador 1 – O Sacramento da Eucaristia é a maior expressão da vida de Jesus, vida que foi partilhada em função do Reino de Deus e doada para que todos os homens e mulheres tenham vida em abundância.

Casal 3 – A Eucaristia nos alimenta com o Corpo de Cristo e nos transforma para termos o seu olhar para o mundo. Celebrar a Eucaristia nos faz *outros cristos* para realizarmos nossa missão seguindo os passos de Jesus.

Canto (apenas o refrão): *Em coro, a Deus louvemos.*

EXPOSIÇÃO DO SANTÍSSIMO SACRAMENTO

(Os que podem se ajoelham.)

Animador 2 – Nós nos ajoelhamos, porque reconhecemos o quanto somos pequenos diante de nosso Senhor. Com o olhar fixo em Jesus, vamos abrir o nosso coração. Ele está aqui conosco e nos convida a ficarmos em sua companhia.

Canto: *Tão Sublime Sacramento*[11].

Animador 2 – Graças e louvores se deem a todo momento! (3x)

Todos – *Ao Santíssimo e Diviníssimo Sacramento!*

Animador 2 – Bendito e louvado seja o Santíssimo Sacramento da Eucaristia.

Todos – *Fruto do ventre sagrado da Virgem puríssima, Santa Maria!*

Animador 2 – Muitas pessoas não creem em Jesus Cristo, não vivem seus sacramentos, não ouvem sua Palavra. Vamos colocar cada uma delas conosco diante de Jesus:

Todos – *Meu Deus, eu creio, adoro, espero e te amo. Peço-te perdão pelos que não creem, não adoram, não esperam e não te amam.*

(Silêncio; todos sentados.)

Animador 3 – Diante de nós está Jesus, vivo e presente na Eucaristia; é pela fé que nós o vemos.

---

11 TÃO SUBLIME SACRAMENTO. [s.l.: s.n.], 2013. 1 áudio (2min5). Publicado por Eugênio Jorge. Disponível em: https://open.spotify.com/intl-pt/track/1yZOqE8sOL90AB ftrpLG9f? si=f a0a2747ca68441b. Acesso em: 14 maio 2024.

Todos – *Eu creio, Jesus, que Tu estás vivo e presente na Eucaristia.*

Animador 3 – Enquanto olhamos para Jesus, Ele também olha para cada um de nós. Em silêncio, vamos meditar sobre o quanto somos amados por Ele, que se dá a nós no Sacramento da Eucaristia, para nos alimentar, nos fortalecer e nos transformar.

(Silêncio.)

ATO DE PERDÃO

(Todos em pé.)

Animador 1 – Jesus, Senhor nosso, diante de ti reconhecemos que nem sempre vivemos de acordo com os teus ensinamentos; por isso, queremos te pedir perdão.

Pai 1 – *Pedimos perdão, porque nem sempre vivemos unidos em nossa família e não respeitamos uns aos outros.*

Todos – *Pedimos teu perdão, Jesus.*

Mãe 1 – Por não mostrarmos o teu caminho aos nossos filhos.

Todos – *Pedimos teu perdão, Jesus.*

Pai 2 – Pedimos perdão, porque muitas vezes não soubemos perdoar quem buscava o nosso perdão.

Todos – *Pedimos teu perdão, Jesus.*

Mãe 2 – Por não testemunharmos a esperança de que a tua presença nos proporciona.

Todos – *Pedimos teu perdão, Jesus.*

Animador 1 – Senhor Jesus, a tua presença nos perdoa e nos conforta. Concede-nos os dons necessários para testemunharmos a tua misericórdia, sendo misericordiosos como é da tua vontade.

PROCLAMAÇÃO DA PALAVRA

(Todos em pé.)

Animador 2 – Diante de uma multidão que queria um sinal de que Ele era o Messias prometido, Jesus afirmou: "Eu sou o pão da vida".

Leitura do Evangelho de Jesus Cristo segundo São João – Jo 6,48-51.

Animador 2 – Vamos refletir sobre a Palavra que ouvimos para guardá-la no coração; para ajudar a reflexão, leia, em silêncio, as frases que seguem:

- A Eucaristia é o alimento mais poderoso para nossa vida cristã; sem ela, perdemos a fé e a esperança.

- Ao recebermos a Eucaristia, nós nos tornamos um só corpo com Jesus e nada é capaz de nos aproximar tão intimamente dele. Essa intimidade nos ensina a olhar o mundo e as pessoas com o olhar do Senhor, reconhecendo em cada uma delas um irmão por quem Ele deu a sua vida.

- A Eucaristia é memorial de Cristo, pois, na última ceia, Ele pediu que repetíssemos seu gesto em sua memória; não é apenas recordação de um acontecimento, mas memória viva, pois recebemos verdadeiramente o Corpo e o Sangue de Jesus.

- Eucaristia é partilha, pois, assim como Jesus partilhou sua vida e toda a sua Pessoa conosco, participando da Eucaristia nós nos comprometemos com a partilha, com os mais necessitados.

- Eucaristia é *ação de graças*, é a maneira mais profunda de dizermos nosso grande obrigado a Deus.

ATO DE AGRADECIMENTO

(Sentados.)

Animador 3 – Senhor Jesus, foi bom estarmos aqui diante de ti. Sabemos que estarás conosco nos desafios que a vida traz às nossas famílias. Sabemos, também, que estás vivo no meio de nós para nos fazer viver como uma única família e para podermos revelar o teu rosto ao mundo, que teima, tantas vezes, em pedir sinais da tua presença. Agora, vamos nos despedir, Jesus.

Todos *– Obrigado, Jesus, por tua vida, entregue por nós, e por estares sempre ao nosso lado.*

Canto: *Tu és minha vida*[12].

ATO DE LOUVOR

(De joelhos, aqueles que podem.)

Todos – Bendito seja Deus.
Bendito seja seu santo nome.
Bendito seja Jesus Cristo, verdadeiro Deus e verdadeiro homem.
Bendito seja o nome de Jesus.
Bendito seja o seu sacratíssimo Coração.
Bendito seja o seu preciosíssimo Sangue.
Bendito seja Jesus Cristo no Santíssimo Sacramento do Altar.
Bendito seja o Espírito Santo, Paráclito.

---

12   ESTÁS ENTRE NÓS (*feat*. Monsenhor Jonas Abib). [s.l.: s.n.], 2002. 1 áudio (4min32). Publicado por Eliana Ribeiro. Disponível em: https://open.spotify.com/intl-pt/track/17UuW4DhOw56O2LcFWx7dH?si=5ac939eee289426b. Acesso em: 14 maio 2024.

Bendita seja a grande Mãe de Deus, Maria Santíssima.

Bendita seja a sua gloriosa assunção.

Bendita seja a sua santa e Imaculada Conceição.

Bendito seja o nome de Maria, Virgem e Mãe.

Bendito seja São José, seu castíssimo esposo.

Bendito seja Deus nos seus anjos e nos seus santos.

(Recolhimento do Santíssimo Sacramento.)

BÊNÇÃO FINAL

(Todos em pé.)

Animador 1 – Nosso Senhor Jesus Cristo esteja sempre presente em nossas famílias para sermos como um só coração que vive em seu amor.

Todos – *Amém.*

Animador 1 – A bênção de Deus Pai, do Filho e do Espírito Santo seja derramada sobre cada um de nós e sobre nossas famílias.

Todos – *Amém.*

Canto: *Nossas famílias serão abençoadas*[13].

---

13 ORAÇÃO PELA FAMÍLIA. [s.l.: s.n.], 1995. 1 áudio (4min50). Publicado por Pe. Zezinho, SCJ. Disponível em: https://open.spotify.com/intl-pt/track/2RC0Cw2XPu85sVYIMehzLj?si=19d 4c1 e124df4396. Acesso em: 14 maio 2024.

4

Família,
espaço de perdão e escola de amor

☆ Objetivo

Identificar a família como lugar para a prática do perdão e da reconciliação.

📖 Recursos

- Velas pequenas (uma para cada participante) colocadas em copos descartáveis contendo areia.

- Uma vela grande (cor natural).

- Um pano de cor preta.

- Um pano de cor vermelha.

- Um crucifixo (com suporte, para que possa ficar em pé).

- Uma Bíblia com suporte.

(Obs.: as velas, em determinado momento, serão colocadas sobre o pano preto; portanto, é preciso cuidado para evitar acidentes.)

⚙ Ambientação

Se possível, forme um círculo com as cadeiras. Ao centro, no chão, coloque o pano vermelho; coloque a Bíblia no suporte junto à borda do pano vermelho e, do outro lado, também junto à borda, coloque o crucifixo (durante a oração final, a vela grande será colocada entre a Bíblia e o crucifixo).

- Amar os inimigos é, certamente, difícil. Isso exige sermos capazes de amar não como queremos, mas como Deus quer que amemos, isto é, sem impor condições. E, para que seja assim, precisamos da graça de Deus e da confiança absoluta nele, reconhecendo que misericórdia e graça são prerrogativas do Pai.

- Não é demais repetir: Jesus não apenas falou sobre amor aos irmãos; Ele verdadeiramente amou os seus e os amou até o fim.

- A radicalidade da pregação de Jesus se baseia na radicalidade do seu amor por todos os seres humanos. Ele nos pede para superarmos mágoas e nos deixarmos transformar para sermos capazes de olhar para todos com o mesmo olhar com que Ele nos olha.

- Jesus espera de nós mais do que apenas fazer aos outros aquilo que queremos que nos façam; Ele nos pede generosidade, caridade, justiça, perdão, misericórdia e compaixão para com todos.

- Mesmo com nossas infidelidades e dificuldades, Deus ainda acredita que somos capazes de viver a radicalidade do seu amor e de nos aproximarmos mais da sua perfeição. Ele é nosso exemplo: não julga nem condena, perdoa e ama sempre. Amar os inimigos é dar testemunho da ação de Deus no mundo.

- Quando fazemos um gesto de solidariedade ou dirigimos palavras de conforto e esperança a alguém necessitado, com frequência ouvimos: "Deus o abençoe". O primeiro pensamento da pessoa se volta para Deus! Ou seja, quando tratamos o outro com justiça, amor e solidariedade, nós o aproximamos de Deus.

- O princípio da solidariedade, do perdão e do amor se aplica a todas as nossas relações interpessoais, e a família é o primeiro espaço onde ele precisa ser experimentado. A família é a escola que educa ao dom de si e à gratuidade.

Momento celebrativo

ACOLHIDA

(Música instrumental para acolher os participantes.)

Animador 1 – Queridos familiares, bem-vindos! O que nos reúne aqui é o amor: o amor de Deus por cada um de nós e o amor que vocês dedicam a seus filhos e filhas. Com alegria, iniciemos: em nome do Pai e do Filho e do Espírito Santo.

Todos – Amém.

Canto: *O que é, o que é? (Gonzaguinha).*

Animador 1 – O poeta Gonzaguinha afirma, nesse canto, que a vida é bonita, ainda que possa ser melhor do que de fato é. O que ele nos ensina?

(Aguarde as manifestações.)

Animador 1 – Todos nós, de alguma maneira, enfrentamos dificuldades e desavenças em nossa vida; nossos familiares não são pessoas "perfeitas", assim como nós também não somos perfeitos. No entanto, a nossa vida sempre será bonita, espaço de pequenos gestos que nos unem como irmãos e nos fortalecem. Neste encontro queremos olhar para nossa família como lugar de acolhida, de afeto e de perdão.

CONVITE À ORAÇÃO

Animador 1 – Com o salmista, vamos louvar a bondade do Senhor. Todos juntos dizem o refrão; pais e mães, alternadamente, salmodiam as estrofes do Sl 103(102),1-2.3-4.8-9.10-11.

Todos – *Bendize, minha alma, ao Senhor.*

Pais – Bendize, minha alma, ao Senhor, e todo o meu ser, ao seu santo nome! Bendize, minha alma, ao Senhor, e não te esqueças de nenhum de seus benefícios.

Todos – *Bendize, minha alma, ao Senhor.*

Mães – Ele perdoa todas as tuas iniquidades e cura todas as tuas doenças. Ele resgata da morte a tua vida e te coroa de misericórdia e compaixão.

Todos – *Bendize, minha alma, ao Senhor.*

Pais – O Senhor é compassivo e clemente, lento para a ira e rico em misericórdia. Não está sempre acusando, nem se irrita para sempre.

Todos – *Bendize, minha alma, ao Senhor.*

Mães – Não age conosco segundo nossos pecados, e não nos retribui segundo nossas iniquidades. Pois, quanto o céu se eleva acima da terra, assim prevalece a sua misericórdia para aqueles que o temem.

Todos – *Bendize, minha alma, ao Senhor.*

COMPREENDER PARA AMAR

Animador 2 – Na família, adultos, jovens, adolescentes e crianças aprendem a gratuidade do amor na doação contínua, no perdão mútuo, nas alegrias e dores compartilhadas. É na família que aprendemos a amar as outras pessoas como elas são e a compreender a forma de amar de cada uma. É, ainda, na convivência familiar que a criança percebe, pela primeira vez, como Deus Pai ama cada um de nós, tal como somos, e aprende o valor do outro.

A PALAVRA DE DEUS ILUMINA NOSSO ENCONTRO

Canto de Aclamação: *à escolha.*

(Durante o canto de aclamação, retire a Bíblia que está sobre a mesa, pois dela será proclamada a Palavra; se for necessário, o texto já pode estar indicado com um marcador de página.)

Leitura do Evangelho de Jesus Cristo segundo Lucas – Lc 6,27-36.

Leitor – Palavra da Salvação.

Todos – *Glória a Vós, Senhor.*

Animador 2 – Para levar a Palavra à nossa mente e ao nosso coração, vamos ler, em silêncio, a passagem que ouvimos, destacando o que mais nos tocou.

(Aguarde uns instantes em silêncio para leitura e reflexão pessoal.)

Animador 2 – Somos todos únicos e as palavras de Jesus nos tocam de maneiras diferentes, porque Ele fala na realidade da nossa vida. Vamos partilhar o que mais chamou a atenção de cada um nesse texto de São Lucas, mesmo já tendo sido mencionado por outra pessoa.

(Aguarde a manifestação dos participantes.)

Animador 1 – O vermelho, muitas vezes, é associado ao amor. Para nós, hoje essa cor está aqui para recordar as palavras de Jesus, que nasceram do seu amor por nós; o vermelho está colocado no centro do nosso espaço, porque Jesus é o centro da nossa vida.

Animador 2 – Você diria que tem inimigos? Alguém vê você como inimigo? (Pausa). Quem são os inimigos? São aqueles que nos fazem mal, nos prejudicam ou ofendem e nos causam dor. Jesus disse que devemos amar nossos inimigos. Que grande desafio!

Animador 1 – Quando pensamos em inimigos, em quem pensamos? Em pessoas distantes, que pouco conhecemos? Pensamos também naquelas mais próximas de nós? Em familiares? Nos ambientes de trabalho, em nossas comunidades e até mesmo em nossas famílias há inimigos: aqueles que mentem, são invejosos ou egoístas, julgam-se melhores ou mais corretos do que todos e, agindo assim, causam sofrimento àqueles com quem convivem.

Animador 2 – Nem sempre é fácil uma vida em paz na família. Conviver com alguém que nos machuca e nos faz sofrer provoca situações delicadas que tiram a alegria da família.

Pais 1 – Inimigos não têm interesse pelos outros membros da família. Eles são egoístas, não sabem acolher, nem dialogar e não são solidários.

Mãe 1 – Inimigos não respeitam opiniões divergentes. São intolerantes ou indiferentes e sempre criticam de forma exagerada.

Todos – *Inimigos não sabem pedir desculpas, não admitem seus erros e não pedem perdão por seus abusos.*

Animador 1 – Quando um inimigo está entre nós ou em nossas famílias, a Palavra de Deus fica escondida (coloque o tecido de cor preta sobre o tecido vermelho). No entanto, Jesus ensinou como superar o mal e o sofrimento causados pelo inimigo: não podemos apenas aceitar o que ele nos faz, mas responder com amor, fazendo o bem no dia a dia da convivência. Também, devemos responder com a nossa oração a tudo o que acontece conosco ou com aqueles que nos são caros.

Todos – *Jesus quer que sejamos capazes de transformar o mal em bem.*

Animador 2 – Para nos ajudar a compreender como amar os inimigos, Jesus fala sobre as atitudes que devemos ter: oferecer a outra face a quem nos dá uma bofetada, dar a túnica a quem nos toma o manto, dar a quem nos pede e não querer de volta o que nos foi tirado. Que representam para nós, hoje, as "túnicas" em nossas famílias? Nas relações familiares, o que nos é pedido?

(Tempo para manifestações do grupo.)

Animador 1 – Amar quem nos ama ou fazer o bem a quem nos faz o bem é fácil: porém, Jesus nos pede mais. Ele diz que quem quer segui-lo deve ser capaz de amar sem impor condições, sem fazer distinção e sem buscar retorno. Somos chamados a amar apenas pelo bem do outro, sem querer nada em troca e sem ignorar as consequências do que fazemos ou dizemos. Jesus garante: quem ama os inimigos recebe uma recompensa que não é dada por uma pessoa, mas por Deus!

Todos – *Jesus nos chama para vivermos do jeito de Deus, dizendo: "sejam misericordiosos, como também o Pai é misericordioso" (Lc 6,36).*

 ORAÇÃO FINAL

Animador 2 – No centro, o pano vermelho nos recorda o amor de Jesus; sobre ele, a cor preta representa o que fazemos contrariando esse amor. Com sua vida, Jesus mostrou concretamente um amor incondicional a todos, aos que o amavam e aos que se fizeram seus inimigos. Contemplando em silêncio esse cenário, pensemos em nossa família: quais foram os nossos momentos mais felizes?

- Os momentos felizes foram aqueles em que as conquistas, mesmo pequenas, foram celebradas alegremente por todos?
- Foram aqueles em que enfrentamos os erros com diálogo, respeito e amor?
- Ou, ainda, quando nossos filhos perceberam entre nós, seus pais, o amor que nos une?

(Aguarde alguns instantes. Depois, acenda a vela grande; erga para apresentar aos participantes e coloque-a sobre o pano preto.)

Animador 2 – Jesus é a Luz do mundo, a Luz que ilumina nossas vidas e guia nossos passos. Ele ilumina nossos relacionamentos com as pessoas que amamos e com aquelas a quem ainda não aprendemos a amar. Pensem nas alegrias e tristezas, nos momentos bons, dolorosos, prazerosos e decepcionantes que viveram com todas essas pessoas. Vamos nos aproximar desta luz para acender nossas velas e colocá-las sobre o pano preto. Enquanto fazemos esse gesto, em silêncio, vamos agradecer a luz que Jesus traz à nossa vida e pedir que Ele nos faça capazes de amar com amor incondicional.

(Aguarde que os participantes acendam suas velas e as coloquem sobre o pano preto, em volta da vela maior; atenção para evitar acidentes.)

Canto (até que todos voltem aos seus lugares): *Dentro de mim*[14].

(Apague as luzes da sala.)

Animador 1 – O pano preto está aqui para nos lembrar dos inimigos ou da dor que eles nos causaram. Vocês repararam que agora quase não enxergamos o pano preto? A luz que é Jesus, que se multiplicou com as nossas velas, é mais forte! É isso que Jesus quer de nós: que sejamos luzes capazes de mudar pensamentos, atitudes e ações, e que possamos motivar o respeito e a gratuidade do amor. Juntos, rezemos, pedindo a Deus que nos ajude a fazer de nossas famílias verdadeiras escolas de amor e de perdão.

(Acenda as luzes da sala.)

---

14 [ESPECIAIS] DENTRO DE MIM (minha luz é Jesus) – Padre Zezinho. [s.l.: s.n.], 2019. 1 vídeo (2min16). Publicado pelo canal Louvores ao Santíssimo. Disponível em: https://youtu.be/2uGBfNPMse4?feature=shared. Acesso em: 14 maio 2024.

Todos – Nós te bendizemos, Deus, nosso Pai, porque quiseste que teu Filho Jesus vivesse em uma família humana, partilhando alegrias e tristezas. Nossas famílias também nasceram da tua vontade, mas muitas vezes erramos com nossos filhos, nossos maridos ou nossas esposas, acreditando que estamos agindo corretamente, porque não compreendemos tua Palavra. Precisamos da tua ajuda para agir com amor e sabedoria. Nós te pedimos perdão por nossos erros; queremos que os ensinamentos de teu Filho Jesus estejam em nosso coração, para nos ajudarmos uns aos outros nas dificuldades e nos sofrimentos. E te pedimos, Senhor, por nossas famílias: que elas estejam sempre sustentadas em ti e fortalecidas com a tua graça, para vivermos felizes e em paz. Isso te pedimos, em nome de teu Filho Jesus, que reina contigo para todo o sempre. Amém.

Animador 1 – Que Deus abençoe nossas famílias! Vamos em paz! Em nome do Pai e do Filho e do Espírito Santo. Amém.

FÉ E VIDA – UMA TAREFA PARA A FAMÍLIA

Em família, ler e meditar: Sl 128. Como as palavras do salmista são vividas em sua família?

5

Eucaristia,
escola de serviço

☆ Objetivo

Compreender que a vida cristã, recebida de Jesus na Eucaristia, leva-nos ao serviço em favor do outro.

📓 Recursos

- Uma mesa coberta com toalha branca.
- Um crucifixo.
- Uma Bíblia com suporte.
- Um castiçal com vela (de cor natural).
- Folhagens verdes.
- Duas mesas pequenas.
- Uma bacia, uma jarra com água (se quiser, pode perfumar a água) e uma toalha.
- Também, serão necessários um pão grande e inteiro; uma jarra com vinho (ou suco de uva); copos; um cartão para cada participante (papel sulfite ou papel cartão) e um cesto.

🌼 Ambientação

Se possível, organize as cadeiras em pequenos grupos (de acordo com o número total de participantes) ao redor da mesa; no centro da mesa coloque o crucifixo sobre as folhagens verdes. De um lado do crucifixo, coloque a Bíblia fechada e, junto a ela, o castiçal com a vela; do outro lado, coloque o pão e a jarra com vinho (ou suco de uva); o cesto com os cartões com as mensagens escritas pelos participantes será colocado sobre uma das mesas pequenas, próximo à mesa principal.

- A Eucaristia provoca em nós: (a) acolhimento: diante de Deus nos descobrimos necessitados e, assim, não podemos ignorar aqueles que estão à nossa volta; (b) gratidão: percebemos que recebemos muitos mais do que merecemos e, assim, vivemos com gratidão a Deus e aos outros; (c) serviço: compreendemos a exigência de cuidarmos uns dos outros, particularmente dos mais necessitados, entendendo a Eucaristia como verdadeira escola de serviço; (d) esperança: vivendo a Eucaristia, acolhendo o outro, colocando nossa vida ao serviço dos irmãos e com o coração cheio de gratidão, nos enxergamos como "gente da esperança", que antevê o céu.

- Pela Eucaristia, permanecemos em Cristo e Ele permanece em nós para produzirmos frutos de serviço aos irmãos, de solidariedade e de fraternidade.

- Celebrar a Eucaristia é fazer memória de Jesus Cristo, tornando-o presente na vida e na ação da Igreja; dela, recebemos a força necessária para viver e anunciar o Evangelho. A "memória" de Jesus, celebrada na Eucaristia, é atualizada pelo testemunho de vida dos seus seguidores, responsáveis por continuar sua missão no mundo (Knupp, 2012).

- Acreditar na Eucaristia é atualizar a fé no pão que mata a fome biológica e social e dá sentido à vida: é o pão do amor, e só nele encontramos o sentido profundo da existência humana (Knupp, 2012).

- A missa é o encontro no qual assumimos nossa missão (a palavra missa está relacionada à missão): viver a Palavra de Deus que ouvimos, partilhar a fé e o que temos com os outros, servir a todos, viver a unidade na comunidade, lutar por um mundo mais justo e fraterno.

- Lavar os pés, à época de Jesus, era um ritual no qual um escravo lavava os pés de pessoas reconhecidas por sua superioridade social ou religiosa. Jesus inverte essa situação e transforma o lava pés em gesto de serviço, inclusive aos mais humildes: a Eucaristia é a ceia da inclusão (Knupp, 2012).

Momento celebrativo

 ACOLHIDA

(Coloque uma música instrumental para acolher os participantes. Ao acolhê-los, entregue um cartão a cada um; peça que escrevam uma pequena mensagem e coloquem o cartão no cesto.)

Animador 1 – Irmãos e irmãs, damos graças a Deus por estarmos aqui reunidos mais uma vez. É Ele que nos atrai, que nos convida e nos sustenta nesta caminhada. Neste ano, percorremos juntos um belo caminho; em cada encontro nos aproximamos mais uns dos outros e de Deus. A Ele, voltamos nosso olhar. Em sua presença, iniciamos: em nome do Pai e do Filho e do Espírito Santo. Amém.

 CONVITE À ORAÇÃO

Animador 1 – Hoje, neste último encontro do ano, iremos refletir sobre a Eucaristia e nosso papel na sociedade a partir da participação nesse sacramento. Para motivar nossa reflexão, vamos ouvir um canto que nos fala sobre a Eucaristia e seus frutos.

Canto: *Vinde, ó irmãos, adorar*[15].

Animador 1 – Que palavras nesse canto mais chamam a atenção? Por quê?

(Aguarde a manifestação dos participantes.)

Animador 1 – Rezemos juntos.

---

15 [COMUNHÃO] VINDE Ó IRMÃOS ADORAR. [s.l.: s.n.], 2018. 1 vídeo (4min22). Publicado pelo canal Louvores ao Santíssimo. Disponível em: https://youtu.be/knTr_u7AHa0?feature=shared. Acesso em: 14 maio 2024.

Todos – Oremos. Senhor, nosso Deus, Vós conheceis nossos pensamentos e sentimentos. Sois a fonte de todo bem e sempre nos concedeis muito mais do que ousamos pedir. Dai-nos, Senhor, um coração confiante e atento ao vosso amor. Que nossa participação na Eucaristia sempre nos leve ao encontro dos irmãos e nos fortaleça, para transformarmos este mundo em um lugar mais justo e mais igual, como é da vossa vontade. Por Cristo, Senhor nosso. Amém.

(Conclua com o refrão do canto.)

 ## COMPREENDER PARA AMAR

Animador 2 – Em nossa vida como cristãos, discípulos de Jesus, alguns momentos são muito especiais. A participação na Eucaristia é um desses momentos. Cristo quis estar sempre presente entre nós e, na Eucaristia, Ele se fez alimento para nossa vida. Nos grupos, vamos ler o texto a seguir e conversar sobre as questões propostas. Depois, faremos uma partilha de todas as ideias conversadas.

> Só podemos entender o que é a Eucaristia se conhecermos e entendermos quem é Jesus Cristo, porque toda a sua vida e toda a sua missão estão contidas na Eucaristia.
>
> Jesus compartilhava refeições com seus discípulos e, também, com pecadores e excluídos da sociedade. Ele ouvia sobre a vida, os sonhos e as esperanças de cada um e, como um irmão mais velho, falava sobre o amor do Pai. Em cada refeição, Jesus fazia questão de mostrar que todos são chamados a viver como irmãos porque todos são filhos do Pai.
>
> Receber a Eucaristia é receber um convite para levar a todos a Boa-nova do Evangelho e um chamado à conversão e ao serviço. E mais: a Eucaristia é motivação para seguir o exemplo de Jesus e olhar para o outro, para qualquer outro, com igual respeito, compartilhando o dom recebido na comunhão.
>
> Existe uma maneira muito bonita e significativa para falar sobre a participação na Eucaristia: quem comunga o Corpo de Cristo deve se deixar transformar em *outro cristo*, disposto a amar e a entregar a vida pelo

bem dos irmãos. Jesus, o "Pão vivo descido do céu" (Jo 6,51), é o alimento que nos fortalece para sermos outros cristos no mundo!

Olhando para a vida de Jesus é fácil perceber que Ele se doou e se repartiu inteiramente com todos os homens e mulheres, até mesmo com aqueles que o rejeitavam ou o acusavam. Por isso, caminhar para receber a Eucaristia é assumir o compromisso de se doar e se repartir, como Jesus, comprometendo-se a partilhar a própria vida e o pão de cada dia.

É fruto, então, da Eucaristia a doação da vida, cada um em sua condição: o sacerdote como sacerdote, o profissional como profissional, o jovem como jovem; e, também, o casado como casado, os pais como pais e os filhos como filhos. É testemunhando a doação da vida e o serviço ao outro que, na família, aprendemos a praticar a partilha e o serviço.

Para conversar no grupo:

- O que significa ser *outro cristo*?
- O que significa dizer que é fruto da Eucaristia a doação da vida, cada um em sua condição?
- Como a família pode ser escola de partilha?

(Durante a partilha entre os participantes, o catequista deve fazer a mediação e anotar as principais ideias que surgirem para serem retomadas em outro momento do encontro.)

A PALAVRA DE DEUS ILUMINA NOSSO ENCONTRO

Animador 1 – Toda a vida de Jesus foi eucarística, isto é, toda ela foi dom de si aos outros. Sabendo que se aproximava a hora de sua Paixão e Morte, Ele chamou seus discípulos para uma última refeição: uma despedida de alguém que amou sem limite. Jesus fez, então, dois gestos marcantes para nossa vida cristã: o dom da Eucaristia e o lava-pés. Nós iremos voltar nosso olhar para o lava-pés, narrado pelo Evangelista João.

Canto de Aclamação: à escolha.

(Durante o canto de aclamação, retire a Bíblia que está sobre a mesa, pois dela será proclamada a Palavra; se for necessário, o texto já pode estar indicado com um marcador de página.)

Leitura do Evangelho de Jesus Cristo segundo João – Jo 13,1-17.

Leitor – Palavra da Salvação.

Todos – *Glória a vós, Senhor.*

Animador 1 – Em nossas Bíblias, vamos ler mais uma vez, em silêncio, a Palavra que ouvimos e nos questionar: o que diz esse texto? (Aguarde alguns minutos para leitura e reflexão pessoal.)

Animador 2 – Na última ceia, Jesus fez um gesto inesperado e carregado de humildade: lavou os pés dos discípulos, inclusive de Judas, que depois iria traí-lo. O lava-pés foi expressão máxima de acolhimento e de serviço, profundamente associada à Eucaristia. O gesto do lava-pés revela a Eucaristia como escola de serviço, que nos leva a cuidar dos mais vulneráveis e inspira a sermos atentos aos mais necessitados.

Animador 1 – Aqueles que comungam o Corpo do Senhor são chamados a formar um povo novo cuja única lei é o serviço aos irmãos. Participar da Eucaristia com fé vai muito além de acreditar na presença real de Jesus na Eucaristia, mas é partilhar os dons recebidos e fazer de si mesmo um dom em benefício dos outros, seja na família, no trabalho ou na sociedade.

Animador 2 – Vamos refletir sobre o gesto de Jesus, conversar em pequenos grupos e, depois, partilhar com todos:

- Entendemos o sentido do lava-pés?
- Participando na Eucaristia somos chamados a ter as mesmas atitudes de Jesus. O que falta para vivermos esse chamado?
- Como vivemos a Eucaristia na família?
- O que aprendemos com a Palavra sobre a qual refletimos hoje?

(Aguarde um tempo para a conversa nos grupos e, depois, convide para um momento de partilha com todos os participantes.)

Animador 2 – O gesto do lava-pés deve ser uma motivação para nossa vida. Vamos, simbolicamente, dizer a Jesus que queremos viver esse gesto em nosso dia a dia lavando as mãos uns aos outros.

(Traga ao centro uma mesa pequena com a bacia, a jarra com água e a toalha. Convide os casais – ou duplas – a se aproximarem. Cada um derramará água nas mãos do outro para, juntos, lavarem suas mãos; em seguida, retornarão aos seus lugares.)

Canto: *Eu vim para que todos tenham vida*[16].

ORAÇÃO FINAL

Animador 1 – Convido vocês a pegarem neste cesto um dos cartões com uma mensagem; ela é uma recordação de nossa caminhada juntos. Em casa, durante a semana, vamos colocar em nossas orações aquele que nos deixou a mensagem que recebemos.

Animador 2 – Vamos nos aproximar da mesa, que nos recorda as refeições em família e os encontros de amigos. Estar ao redor de uma mesa é sinal de amizade, união e alegria partilhada!

Animador 1 – Na mesa, encontramos um crucifixo, símbolo da vitória de Cristo sobre o mal, colocado sobre as folhagens que simbolizam, com seu verde, nossa esperança de filhas e filhos de Deus. Encontramos a Palavra, guia para nossa vida, e a luz, que nos recorda Cristo Luz do mundo. Temos, também, o pão, alimento para todos. Hoje, também para nós, a mesa será espaço de partilha, amizade e união.

---

16 EU VIM PARA QUE TODOS TENHAM VIDA. [s.l.: s.n.], 2023. 1 vídeo (3min32). Publicado pelo canal Cantos do Hinário Litúrgico Cnbb – Tema. Disponível em: https://youtu.be/giow4eYjHtg?feature=shared. Acesso em: 14 maio 2024.

Animador 2 – Trazendo presentes os encontros deste ano, o que ouvimos e falamos, e recordando o quanto nos fortalecemos como discípulos de Jesus e como pais, mães e responsáveis que querem dar testemunho a seus filhos, nossos catequizandos, de que vale a pena seguir o Senhor, vamos nos dar as mãos e, como filhos do mesmo e único Pai, dizer juntos a oração que Jesus nos ensinou: "Pai nosso, que estais nos céus [...]".

Animador 1 – Como irmãos, vamos partilhar o pão, sinal da amizade que nos une. Hoje não nos despedimos, porque continuaremos juntos, irmanados na fé em Jesus Cristo. Peçamos a Deus a bênção sobre cada um de nós e sobre nossas famílias; que elas sejam espaços de comunhão e de oração, escolas do Evangelho e pequenas igrejas domésticas: em nome do Pai e do Filho e do Espírito Santo. Amém.

(Promova um clima fraterno e alegre entre todos enquanto partilham o pão.)

Canto: *Oração pela família*[17].

FÉ E VIDA – UMA TAREFA PARA A FAMÍLIA

Em família, ler e meditar: 1Cor 13,1-13. Juntos, escolham um versículo do texto para estar sempre presente no dia a dia da família.

Sugestão: pais e filhos podem fazer juntos um pequeno quadro com o versículo escolhido que será colocado em um local bem visível ou onde costumam fazer a oração em família.

---

17 PADRE ZEZINHO, SCJ – Oração pela família. [s.l.: s.n.], 2009. 1 vídeo (4min54). Publicado pelo canal Mc Produções Eventos. Disponível em: https://youtu.be/rb8_nlllpg0?feature=shared. Acesso em: 14 maio 2024.

ANEXO 1

Defina no chão do local do encontro alguns espaços (de 4 a 6, dependendo do número de participantes), identificados pelas frases sugeridas a seguir (ou outras da escolha do catequista).

1. A Igreja é formada por quem acredita na mensagem de Jesus e procura viver em comunhão, isto é, comum-união.

2. Ser Igreja é ser corresponsável na comunidade, colocando em comum os dons recebidos de Deus.

3. A Igreja deve ser conhecida não apenas por anunciar a Boa-nova de Jesus Cristo, mas, também, por vivenciá-la.

4. As primeiras comunidades viviam em comunhão, e Deus quer que nossas comunidades permaneçam unidas.

5. Qual a importância da Igreja para nossas vidas?

6. Qual a importância de cada um de nós para a Igreja?

Referências

Bíblia Sagrada. Petrópolis: Vozes, 2012.

CALICOSKI, C. O catequista da inspiração catecumenal. *In*: CNBB Regional Sul II – Catequese. *Catequizar...sempre! Ministério de Catequista*: caminho de formação. Petrópolis: Vozes, 2023.

CNBB (Conferência Nacional dos Bispos do Brasil). *Catecismo da Igreja Católica*. Petrópolis: Vozes, 1993.

CNBB (Conferência Nacional dos Bispos do Brasil). *Diretório Nacional de Catequese*. Brasília: Edições CNBB, 2011.

CONCÍLIO ECUMÊNICO VATICANO II. *Constituição Sacrosanctum Concilium sobre a sagrada liturgia*. São Paulo: Paulinas, 2010.

FRANCISCO. *Exortação apostólica póssinodal Amoris Laetitia*. Brasília: Edições CNBB, 2016.

FRANCISCO. *Evangelii Gaudium*. Exortação apostólica sobre o anúncio do evangelho no mundo atual. Brasília: Edições CNBB, 2013.

FRANCISCO. *Carta encíclica Lumen Fidei*. Brasília: Edições CNBB, 2013.

JOÃO PAULO II. *Exortação apostólica Catechesi Tradendae sobre a catequese do nosso tempo*. Disponível em: https://www.vatican.va/content/john-paul-ii/pt/apost_exhortations/documents/hf_jp-ii_exh_16101979_catechesi-tradendae.html. Acesso em: 27 set. 2023.

JOÃO PAULO II. Novo *Millennio Ineunte*. Carta Apostólica no termo do grande jubileu do ano 2000. Disponível em: https://www.vatican.va/content/john-paul-ii/pt/apost_letters/2001/documents/hf_jp-ii_apl_20010106_novo-millennio-ineunte.html. Acesso em: 9 jul. 2023.

KNUPP, L. G. *Eucaristia, escola de partilha*! Texto-base para o retiro com a Catequese com Adultos da Paróquia Catedral Nossa Senhora da Glória em Maringá-PR. Maringá: [s.n.], 2012.

PAULO VI. *Constituição Dogmática Lumen Gentium sobre a Igreja*. Disponível em: https://www.vatican.va/archive/hist_councils/ii_vatican_council/documents/vat-ii_const_19641121_lumen-gentium_po.html. Acesso em: 9 jul. 2023.

SANTOS, B. Introdução a uma leitura do documento a partir da opção preferencial pelos pobres. 1979. *In*: 3ª CONFERÊNCIA GERAL DO EPISCOPADO LATINO-AMERICANO. *Conclusões* [...]. Disponível em: https://portal.pucminas.br/imagedb/documento/DOC_DSC_NOME_ARQUI20130906182452.pdf. Acesso em: 27 set. 2023.

Sites consultados

A12. *Oração pela Igreja e pela família*. Disponível em: https://www.a12.com/redacaoa12/igreja/oracao-pela-igreja-e-pela-familia. Acesso em: 29 jun. 2023.

ALETEIA. *Bênção da família*: você mesmo pode fazer diariamente. Disponível em: https://pt.aleteia.org/2022/04/24/bencao-da-familia-voce-mesmoa-pode-fazer-diariamente/. Acesso em: 1 ago. 2023.

BENTO XVI. Audiência geral. *A Santa Sé*, 2012. Disponível em: https://www.vatican.va/content/benedict-xvi/pt/audiences/2012/documents/hf_ben-xvi_aud_20120314.html. Acesso em: 10 jul. 2023.

BENTO XVI. Magnificat: cântico da Virgem Maria. *A Santa Sé*, 2006. Disponível em: https://www.vatican.va/content/benedict-xvi/pt/audiences/2006/docu ments/hf_ben-xvi_aud_20060215.html. Acesso em: 11 jul. 2023.

BRASSIANI, I. A Igreja é a "casa-de-Deus", aberta a todos os povos. *Cebi*, 2022. Disponível em: https://cebi.org.br/reflexao-do-evangelho/a-igreja-e-a-casa-de-deus-aberta-a-todos-os-povos/. Acesso em: 5 jul. 2023.

DELSON, M. A Palavra de Deus e a Virgem Maria. *Cnbb*, 2018. Disponível em: https://www.cnbb.org.br/a-palavra-de-deus-e-a-virgem-maria/. Acesso em: 10 jul. 2023.

FRANCISCO. O desafio da Igreja é a comunhão. *Movimento dei folcolari*, 2014. Disponível em: https://www.focolare.org/?s=la+sfida+della+chiesa. Acesso em: 5 jul. 2023.

FRANCISCO. A Igreja é mulher e mãe. *A Santa Sé*, 2018. Disponível em: https://www.vatican.va/content/francesco/pt/cotidie/2018/documents/papa-francesco-cotidie_20180521_igreja-mulher-mae.html. Acesso em: 6 jul. 2023.

FRANCISCO. O desafio é fazer que a Igreja seja a casa e a escola da comunhão. *Acidigital*, 2014. Disponível em: https://www.acidigital.com/noticias/o-desafio-e-fazer-que-a-igreja-seja-a-casa-e-a-escola-da-comunhao-diz-o-papa-francisco-66665. Acesso em: 5 jul. 2023.

FRANCISCO. A Eucaristia não é o prêmio dos santos, mas o pão dos pecadores. *A Santa Sé*, 2021. Disponível em https://www.vaticannews.va/pt/papa/news/2021-06/papa-angelus-corpus-christi-eucaristia-pao-pecadores-santos.html. Acesso em: 18 jan. 2023.

JOÃO PAULO II. A Virgem Maria. *Canção Nova*, 2014. Disponível em: https://formacao.cancaonova.com/nossa-senhora/devocao-nossa-senhora/no-alto-da-cruz-jesus-nos-mostra-maria-como-nossa-mae/. Acesso em: 22 ago. 2023.

MISSIONÁRIOS REDENTORISTAS. *Fé e vida*. 2008. Disponível em: https://www.academia.edu/39201565/Mission%C3%A1rios_Redentoristas_F%C389_E_VIDA. Acesso em: 5 jul. 2023.

PEREIRA. T. *Maria, Mãe da Igreja em saída*: uma reflexão sobre a maternidade de Maria, do Concílio Vaticano II ao Decreto *Ecclesia Mater* no magistério do Papa Francisco. Disponível em: https://www.maxwell.vrac.puc-rio.br/47091/47091.PDF. Acesso em: 10 jul. 2023.

PEREIRA, E. Por que Nossa Senhora é Mãe da Igreja? *Canção Nova*. Disponível em: https://formacao.cancaonova.com/igreja/catequese/por-que-nossa-senhora-e-mae-da-igreja/. Acesso em: 10 jul. 2023.

RAMPAZZO, L. Você sabe qual é o papel da Virgem Maria na Igreja? *Canção Nova*, 2017. Disponível em: https://formacao.cancaonova.com/nossa-senhora/dogma/voce-conhece-qual-e-o-papel-da-virgem-maria-na-igreja/. Acesso em: 10 jul. 2023.

RIBEIRO, A. Jesus Cristo e a insistência sobre a comunhão. *CNBB*, 2021. Disponível em: https://www.cnbb.org.br/jesus-cristo-e-a-insistencia-sobre-a-comunhao/. Acesso em: 5 jul. 2023.

SOU CATEQUISTA. A importância dos pais na formação religiosa dos filhos. *Sou catequista*, 2015. Disponível em:

https://soucatequista.com.br/a-importancia-do-acompanhamento-dos-pais-na-formacao-religiosa-dos-filhos.html. Acesso em: 12 jul. 2023.

SOU CATEQUISTA. Dinâmica para encontro com pais. *Sou catequista*, 2017. Disponível em: https://soucatequista.com.br/dinamica-para-encontro-com-pais-a-familia.html. Acesso em: 10 jul. 2023.

TAVARES, D. *A imagem de Maria na Bíblia*. Disponível em: https://www.paulinos.org.br/home/blog/espiritualidade/a-imagem-de-maria-na-biblia/. Acesso em: 11 jul. 2023.

UEDA, N. Sem a presença de Nossa Senhora não existe Igreja. *Canção Nova*. Disponível em: https://formacao.cancaonova.com/igreja/catequese/sem-presenca-de-nossa-senhora-nao-existe-igreja/. Acesso em: 11 jul. 2023.

VATICAN NEWS. Decreto sobre a Memória de Maria, Mãe da Igreja. *Vatican News*, 2018. Disponível em: https://www.vaticannews.va/pt/vaticano/news/2018-03/decreto-maria-mae-da-igreja-calendario-romano.html. Acesso em: 10 jul. 2023.

VATICAN NEWS. Maria, Mãe da Igreja. *Vatican News*, 2021. Disponível em: https://www.vaticannews.va/pt/vaticano/news/2021-10/maria-mae-da-igreja-padre-gerson-schmidt.html. Acesso em: 9 jul. 2023.

Conecte-se conosco:

facebook.com/editoravozes

@editoravozes

@editora_vozes

youtube.com/editoravozes

+55 24 2233-9033

www.vozes.com.br

Conheça nossas lojas:
www.livrariavozes.com.br

Belo Horizonte – Brasília – Campinas – Cuiabá – Curitiba
Fortaleza – Juiz de Fora – Petrópolis – Recife – São Paulo

  Vozes de Bolso

EDITORA VOZES LTDA.
Rua Frei Luís, 100 – Centro – Cep 25689-900 – Petrópolis, RJ
Tel.: (24) 2233-9000 – E-mail: vendas@vozes.com.br